곰곰한 하루의 펀치니들 자수

펀치니들 자수와 함께하는 행복한 시간
## 곰곰한 하루의 펀치니들 자수

| 초 판 발 행 일 | 2024년 08월 20일 |
|---|---|
| 발 행 인 | 박영일 |
| 책 임 편 집 | 이해욱 |
| 저 자 | 김혜영 |
| 편 집 진 행 | 강현아 |
| 표 지 디 자 인 | 하연주 |
| 편 집 디 자 인 | 김세연 |
| 발 행 처 | 시대인 |
| 공 급 처 | (주)시대고시기획 |
| 출 판 등 록 | 제 10-1521호 |
| 주 소 | 서울시 마포구 큰우물로 75 [도화동 538 성지 B/D] 6F |
| 전 화 | 1600-3600 |
| 홈 페 이 지 | www.sidaegosi.com |

| I S B N | 979-11-383-7373-9(13630) |
|---|---|
| 정 가 | 20,000원 |

※이 책은 저작권법에 의해 보호를 받는 저작물이므로, 동영상 제작 및 무단전재와 복제, 상업적 이용을 금합니다.
※이 책의 전부 또는 일부 내용을 이용하려면 반드시 저작권자와 (주)시대고시기획·시대인의 동의를 받아야 합니다.
※잘못된 책은 구입하신 서점에서 바꾸어 드립니다.

시대인은 종합교육그룹 (주)시대고시기획·시대교육의 단행본 브랜드입니다.

## 프롤로그

컴퓨터 그래픽 디자인을 전공하고 그래픽 디자이너로 활동하면서
평생 디자인만 하며 살 줄 알았지 공예작가가 될 거라곤 단 한 번도 생각해 본 적이 없었어요.
그런데 정신을 차리고 보니 펀치니들 자수에 푹 빠져 공예가가 되었네요.

처음 펀치니들 자수를 알게 된 건 우연히 본 영상 때문이었어요.
원단에 바늘을 푹푹 찔러 넣기만 하는데 무언가 작품이 완성되는 게 무척 신기하더라고요.
마침 색연필 그림을 취미로 하고 있었기에 직접 그린 그림을 기반으로 펀치니들 자수를 하면 어떨까- 하는
호기심에 첫발을 들이게 되었어요.

집 베란다에 책상을 두고 작은 작업실을 만들어 시작한 것을 계기로
지금은 '곰곰한 하루'라는 펀치니들 자수 공방을 운영하며 뜻이 맞는 분들과 함께 협회도 운영하게 되었어요.

펀치니들 자수는 수를 놓는 방법이 어렵지 않아 비교적 문턱이 낮은 공예예요.
인내심만 있다면 누구나 시작할 수 있고 여타의 공예와 비교해도 쉽게 만들 수 있어요.
책에는 다양한 소재의 실을 사용해 재미있는 질감을 구현한 소품들을 담았으니
하나씩 따라 해보면 더욱 즐거운 작업으로 이어질 것 같아요.
집안 곳곳, 시선이 머무는 곳에서 나의 시간을 쌓아 올린 펀치니들 자수 소품을 마주하면
지루한 일상에서 뿌듯함을 맛보실 수 있을 거예요.

맨 처음 펀치니들 자수를 작업한 기억은 아직도 잊히지 않아요.
그때의 설렘과 떨림, 완성했을 때의 뿌듯함도 또렷이 기억이 나요.
완벽하지 않아도 빈틈이 보여도 그렇게 좋을 수가 없더라고요.
이 책을 통해 펀치니들 자수를 처음 접하게 된 분들도 저와 같은 마음이 들었으면 좋겠다는 생각에
열심히 만들었어요.

여러분들도 좋아하는 것들을 가만히 떠올리며 그림으로 그려 보고 펀치니들 자수로 재해석해
다양한 소품으로 만드는 즐거움을 느껴 보셨으면 해요.
쓰임새 있는 소품을 만드는 공예가 여러분의 생활 속에 스며들길 바라는 마음을 가득 담았으니
〈곰곰한 하루의 펀치니들 자수〉로 차근차근 시작해 보셨으면 좋겠어요.

곰곰한 하루 김혜영

## 목차

003    프롤로그

## Intro

### 펀치니들 자수에 필요한 도구와 재료

010    펀치니들
012    원단
013    수틀
014    부자재

### 펀치니들 자수의 실 종류

016    기본실
018    특수사

# Part 01

## 펀치니들 자수의 기초

- 022     원단의 올 풀림 방지
- 023     수틀에 원단 고정하기
- 026     펀치니들에 실 끼우기
- 028     펀치니들에 실 합사하기
- 029     원단에 도안 그리기
- 030     펀치니들 사용 방법과 주의 사항
- 032     펀치니들 작품을 완성하는 바느질 기법

# Part 02

## 펀치니들 자수의 스티치 종류

- 038     플랫 스티치
- 040     루프 스티치
- 041     루프컷 스티치
- 042     응용 스티치
- 047     특수사를 이용한 펀칭 방법
- 049     실 정리하기

# Part 03

## 펀치니들 자수로 만드는 생활 소품

### | 간단하게 완성하는 펀치니들 |

꽃 액자
**054**

티코스터
**064**

화분 커버
**072**

### | 활용도 높은 펀치니들 |

스웨터 액자
**082**

열쇠 모양 키링 & 테슬
**092**

두루마리 휴지 케이스
**102**

꽃병 커버
**112**

꽃 한 송이 지퍼 파우치
**122**

고양이 산책 가방
**134**

| 분위기를 바꾸는 펀치니들 |

꽃 패턴 거울
152

새 패턴 쿠션
160

강아지 모양 쿠션
170

새 모빌
176

꽃 시계
186

과일 그릇 월 행잉
194

하얀 새 러그
204

Part

04

214　펀치니들 자수의 도안

Intro

## 펀치니들 자수에 필요한 도구와 재료

펀치니들
원단
수틀
부자재

## 펀치니들 자수의 실 종류

기본실
특수사

# 펀치니들 자수에 필요한
# 도구와 재료

> 펀치니들

펀치니들은 구멍을 뚫는다는 뜻의 '펀칭(Punching)'과 바늘이라는 뜻의 '니들(needle)'이 합쳐진 단어로, 두꺼운 바늘에 실을 걸어 원단에 찔러 넣는 방식의 자수 공예입니다. 서양에서는 역사가 긴 전통 자수이며, 근대에 들어서 사용이 편리하게끔 고안된 펀치니들이 인기를 끌면서 국내에서도 점차 주목을 받기 시작했습니다.

펀치니들의 손잡이 안에는 실린더가 들어 있는데, 바늘 끝의 구멍에 실을 통과시켜 실린더 안으로 실을 넣은 다음, 바늘로 원단을 찌릅니다. 원단 아래로 루프(실의 고리)가 생기면 같은 방법으로 펀칭을 계속해 실 고리끼리 엮이도록 수를 놓으면 완성됩니다. 바늘의 길이에 따라 루프의 길이가 달라지고, 바늘의 굵기에 따라 사용하는 실의 종류가 달라져 다양한 작품을 완성할 수 있습니다.

## ① 비절개형 펀치니들

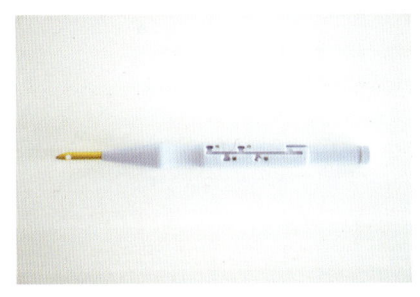

손잡이부터 시작해 바늘 끝까지 중앙에 구멍이 뚫린 형태로 별도의 실 끼우개가 있어야 실을 넣을 수 있습니다. 책에서 소개하고 있는 비절개형 펀치니들은 몸체 부분의 홈을 통해 하나의 바늘로 루프의 길이를 다양하게 펀칭할 수 있습니다.

---

## ② 절개형 펀치니들

책에 수록한 작품을 만들 때 주로 사용한 바늘은 슈지치바농 펀치니들입니다. 실을 끼울 때 별도의 도구 없이도 몸체 중간에 난 홈에 실을 끼워 통과시키면 편리하게 실을 바꿀 수 있다는 장점이 있습니다. 굵은 실을 사용하는 굵은 바늘과 가는 실을 사용하는 가는 바늘로 나뉘고 다양한 길이의 호수가 있습니다.

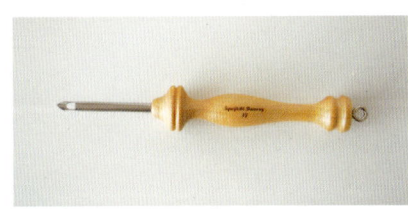

• 슈지치바농 굵은 바늘 15호

루프 길이를 높일 때 사용하는 바늘입니다. 바늘 길이는 5cm이며 루프 길이는 1.5cm입니다. 굵은 실이나 합사(두 가닥 실) 또는 카빙이 필요한 작품을 만들 때 사용합니다.

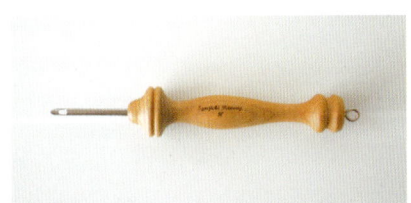

• 슈지치바농 가는 바늘 10호

가는 실로 루프 길이를 높일 때 사용하는 바늘입니다. 바늘 길이는 3.8cm이며 루프 길이는 7mm입니다. 단차를 두어 입체적인 작업을 할 때 사용합니다.

• 슈지치바농 가는 바늘 5호

가는 실을 사용해 작은 소품을 만들 때 주로 사용하는 바늘입니다. 루프 길이를 높거나 낮게 하고 싶지 않은 작품에 사용되는 중간 길이의 펀치니들로 바늘 길이는 3cm이며 루프 길이는 4mm입니다. 단차를 두는 입체적인 작업을 할 때도 사용합니다.

• 슈지치바농 가는 바늘 3호

루프 길이를 낮출 때 사용하는 바늘입니다. 바늘 길이는 2.5cm이며 루프 길이는 2mm입니다. 루프의 길이에 따라 작품이 만들어지는 루프 스티치보다는 뒷면의 루프 길이를 낮게 작업하는 플랫 스티치와 같은 섬세한 작업 시 유용한 바늘입니다.

원단

펀치니들 자수에 사용하는 원단은 대표적으로 황마 원단과 몽스 원단이 있습니다. 원단에 따라 펀칭이 되지 않거나 펀칭이 되어도 복원되지 않는 원단이 있으므로 펀치니들을 할 때는 전용 원단을 사용하는 것이 좋습니다. 펀칭이 힘든 원단으로는 일반 원단(면, 캔버스, 광목 등)과 면과 리넨이 섞인 원단 등이 있으니 해당 원단은 피하도록 합니다.

### ① 황마 원단

황마에서 추출한 섬유로 만든 천입니다. 다양한 색상으로 나와서 바탕을 채우지 않고도 완성도 높은 작품을 만들 수 있다는 장점이 있으며, 가격이 저렴합니다. 하지만 원단이 성글어 올이 잘 풀리고 실이 튀어나오거나 구멍이 생기는 단점이 있어서 초보자가 다루기에는 어려운 점이 많습니다.

### ② 몽스 원단

펀치니들 자수를 하기에 가장 적합한 원단으로 책에서 사용한 원단이기도 합니다. 몽스 원단은 부드럽고 먼지가 많이 날리지 않으며 복원력이 좋아 수정이 용이합니다. 색상은 단일 색상이며 가장자리가 성글어 원단의 끝 처리를 해 주어야만 펀칭한 면이 풀리지 않습니다. 니들의 형태나 종류에 구애를 받지 않아 다양한 작품을 만들기 좋습니다.

### 수틀

펀치니들 자수를 할 때 원단을 팽팽하게 당겨 원단이 아래로 처지는 것을 막는 도구입니다. 자수용 원목 수틀, 캔버스 수틀, 클립 수틀, 그리퍼 수틀 등 다양한 종류와 사이즈가 있으니 원하는 크기나 분위기에 맞춰 수틀을 골라 작업합니다.

### ① 자수용 원목 수틀

자수할 때 많이 사용하는 수틀로, 작은 틀에 원단을 올리고 그 위로 큰 틀을 겹친 뒤 윗부분의 조임 나사를 돌려 고정하는 방식입니다. 10~40cm까지 다양한 사이즈가 있으며 손쉽게 구할 수 있어 초심자가 접근하기에 좋습니다. 간혹 원단이 수틀 사이로 빠질 수 있으니 수틀의 두께가 얇고 가벼운 것보다는 두꺼운 것을 고릅니다.

### ② 캔버스 수틀

나무로 된 프레임으로, 작품을 액자로 걸고 싶을 때 사용합니다. 다양한 사이즈를 쉽게 구할 수 있다는 장점이 있지만, 원단을 캔버스에 고정할 때 타카나 압정을 사용해야 하며, 캔버스 외곽은 펀칭할 수 없다는 단점이 있습니다. 초심자에게는 원단을 팽팽하게 고정하는 작업이 어려울 수 있습니다.

### ③ 클립 수틀

원단 아래에 네모 모양의 스틱을 놓고 원단 위에 스틱에 맞춰 클립을 끼워 고정하는 방식의 수틀입니다. 캔버스처럼 액자로 사용하는 것보다 펀칭된 부분을 빼서 재사용할 때 유용합니다. 위치를 쉽게 옮길 수 있어 큰 사이즈의 작업을 할 때 편리하며, 대중적으로도 널리 사용되고 있습니다.

### ④ 그리퍼 수틀

원단을 고정하기 편리하고 편리성 대비 고정력이 우수한 수틀입니다. 프레임 가장자리에 있는 짧은 바늘이 원단을 뚫고 들어가 단단하게 고정하는 역할을 합니다. 바늘이 원단 사이를 뚫고 나와 있으므로 자칫하면 작업하다가 손을 찔릴 수 있으니 손목 아래에 원단을 덧대어 놓고 사용하는 것을 추천합니다. 대형 작업 시 사이즈에 맞춰 제작할 수 있기 때문에 큰 작업을 하기에 좋으며 니들의 끝이 바닥에 닿지 않아 수틀을 안정적으로 놓고 사용할 수 있다는 장점이 있습니다.

부자재

작품을 시작하고 마감할 때는 다양한 도구와 부자재가 필요합니다. 그중 책에서 사용한 재료와 도구를 소개합니다.

---

① **재단 가위** : 원단을 재단할 때 사용합니다. 원단을 재단할 때는 전용 가위를 사용해야 깔끔하게 자를 수 있습니다.

② **날개 가위** : 가위 날의 한쪽이 반원 모양으로 넓적하게 되어 있는 가위입니다. 루프컷 작품을 마무리할 때 실을 자르는 과정(카빙)에서 완성 면을 평평하게 정리할 때 사용합니다.

③ **커브 가위** : 가위의 끝부분이 뾰족하고 살짝 구부러져 있는 가위입니다. 카빙할 때 원형이나 모서리 부분을 원하는 모양으로 섬세하게 다듬을 수 있다는 것이 특징입니다.

④ **마스킹테이프** : 원단의 가장자리에 붙여 올 풀림을 방지하거나 원단에 도안을 붙일 때 사용합니다.

⑤ **돗바늘** : 실을 연결해 작품의 끝과 끝을 이어주거나 작품 두 개를 하나로 만들 때 사용합니다.

⑥ **재봉 클립** : 펀치니들 자수와 원단을 서로 겹쳐 바느질로 연결할 때 흔들리지 않도록 고정하기 위해 사용합니다.

⑦ **수성펜, 열펜** : 원단 위에 도안을 그리거나 시접 등을 표시할 때 사용합니다. 수성펜은 물을 뿌리면 지워지고, 열펜은 열을 가하면 지워진다는 특징이 있습니다.

⑧ **목공풀** : 안감을 고정하는 용도로 사용합니다. 완전히 마르면 투명해지므로 작품 면의 실을 고정하는 역할로도 사용하고, 원단의 끝에 발라 올이 풀리지 않게 하기도 합니다.

⑨ **라텍스 본드, 붓** : 붓을 사용해 라텍스 본드를 작품 뒷면에 발라 시접이나 안감을 붙이는 용도로 사용합니다. 또한 카빙 작업을 한 다음 라텍스 본드를 바르면 실이 빠지지 않아 작품의 완성도를 높일 수 있습니다.

⑩ **드라이버** : 자수용 원목 수틀의 조임 나사를 고정하거나 분리할 때 사용합니다.

⑪ **건 타카, 타카 심** : 캔버스 수틀에 원단을 고정할 때 사용합니다.

⑫ **실크심지** : 플랫 스티치로 작업 시 뒷면에 붙여 스티치가 빠져나오지 않도록 할 때 사용합니다. 접착면(까슬한 면)을 아래로 놓고 중간 온도의 다리미로 다려 부착합니다.

⑬ **광목 또는 면 원단** : 파우치나 가방 또는 쿠션을 만들 때 사용하는 원단입니다.

⑭ **펠트지** : 뒷면 또는 안쪽 마감 시 사용하며, 책에서는 주로 프리펠트지를 사용합니다.

⑮ **다리미** : 실크심지를 부착하는 데 사용합니다.

⑯ **솜** : 쿠션을 만들 때 사용하며 주로 방울 솜을 사용합니다.

⑰ **수예용 실과 바늘** : 쿠션을 만들거나 안감이 필요한 작업 시 작품과 원단을 연결할 때 사용합니다.

⑱ **30cm 자** : 각종 길이를 재거나 시접선을 그릴 때 사용합니다.

# 펀치니들 자수의 실 종류

기본실

펀치니들 자수를 할 때 사용하는 실은 작품에 따라 다양하게 선택할 수 있습니다. 울사는 가볍고 색상이 아름답지만 보풀이 많이 생겨 실생활에서 사용하는 아이템보다는 인테리어 용이나 작은 소품을 만드는 데 사용하는 것이 좋고, 울혼방사는 아크릴 함량이 높아 보풀이 적게 일어나므로 생활용 소품을 만드는 데 적합합니다. 실의 꼬임 정도에 따라 다양한 질감을 표현할 수 있으니 만들고자 하는 작품에 어울리는 실을 선택합니다.

실에 따라 바늘의 길이와 두께도 달라집니다. 섬세한 작업을 할 때는 가는 실이 들어가는 가는 바늘을 사용하고, 루프 면과 같이 면적이 넓고 두꺼운 작업을 할 때는 굵은 실이 들어가는 길이가 긴 굵은 바늘을 사용합니다.

### ① 가는 실

주로 섬세한 표현을 할 때 사용하는 실로 작은 그림이 들어간 인테리어 소품이나 작은 아이템을 만들 때 편리한 실입니다. 실의 두께는 2~4mm 정도이며, 보편적으로는 3~4mm 두께의 실을 사용합니다. 가는 바늘에 적합합니다.

### ② 굵은 실

매트나 러그를 만들 때 사용하는 실로 두께감 있는 작업을 할 때 편리한 실입니다. 주로 루프 길이가 긴 작업을 할 때 사용하며 카빙 작업 시에도 사용하기 좋습니다. 실의 두께는 3.5~5mm 정도이며, 보편적으로는 4~5mm 두께의 실을 사용합니다. 굵은 바늘에 적합합니다.

### ⓐ 울사

울 함유량이 높은 실로 촉감이 부드러우며 가볍습니다. 색상은 다양하지 않은 편이나 색감이 아름다우며, 주로 실 두께가 얇아 인테리어 소품을 만들 때 좋습니다.

### ⓑ 울혼방사

울과 아크릴 혼방의 실로 아크릴 함유량에 따라 촉감이 달라집니다. 아크릴 함량이 높을수록 실의 촉감이 빳빳하고 거칠며, 아크릴 함량이 낮을수록 부드럽습니다. 대중적으로 사용하는 실이며 다양한 색상이 있어서 원하는 색상을 찾는 데 어려움이 없습니다.

특수사

특수사는 펀치니들 자수의 또 다른 매력을 보여줍니다. 부클사나 팬시얀처럼 특이한 재질의 실로 펀칭을 하면 독특한 느낌을 낼 수 있어 평범한 아이템을 특별하게 만들 수 있습니다.

특수사는 실에 다양한 모양의 고리나 다른 텍스처의 실 등이 달려 있어 굵은 바늘을 사용해야 하며, 모헤어처럼 얇은 실은 두 가닥을 합사하여 가는 바늘을 사용해 펀칭하는 것이 좋습니다. 다양한 특수사와 여러 소재의 가는 실을 합사하면 새롭고 특별한 소재의 아이템도 만들 수 있습니다. 가죽이나 밍크, 비닐 소재는 사용하기 어렵지만, 얇은 원단의 경우 가늘고 길게 자르면 실처럼 활용이 가능해 또 다른 특수사를 만들 수 있습니다. 특수사는 주로 루프 스티치를 활용해 작업합니다.

---

### ① 부클사(링구사)

실에 크고 작은 고리가 달려 있는 실입니다. 색상은 다양하지 않으나 루프 스티치가 과장되게 표현되기 때문에 동물의 털을 표현하거나 겨울 아이템을 만들 때 적합한 실입니다. 울혼방사로 아크릴 함량이 높은 부클사와 낮은 부클사 두 가지가 있는데, 아크릴 함량이 낮거나 울 100%인 부클사일수록 동물의 털을 표현하기에 적합합니다.

### ② 모헤어실

아주 가는 실에 얇은 털이 붙어 있는 실입니다. 솜사탕 같은 질감으로 풍성하고 부드럽기 때문에 포근한 질감을 표현하고 싶을 때 적합합니다. 책에서는 주로 작은 소품을 만드는 데 사용합니다.

### ③ 종이실

종이 질감의 실로 펀칭 시 루프 면이 찢어지지 않도록 주의하며 펀칭해야 합니다. 털실의 질감 대신 종이의 질감을 표현할 수 있어 도안의 한 부분에 포인트를 주거나 종이로 표현하고 싶은 아이템을 만들 때 사용하면 재미있는 작업을 할 수 있습니다. 루프 스티치보다는 플랫 스티치가 적합합니다.

### ④ 마블 털실

여러 가지 색감이 섞여 있는 실입니다. 다양한 색감을 표현하거나 은은한 색상의 텍스처를 표현하고 싶을 때 사용하기 적합합니다. 파우치나 가방 등 작은 소품을 만들 때 사용하면 다채로운 색상의 소품을 만들 수 있습니다.

### ⑤ 팬시얀

털실에 다양한 소재가 붙어 있어 입체감이 돋보이는 실입니다. 펀칭하기 어려운 소재의 팬시얀도 있으므로 테스트 후 사용하는 것이 좋습니다. 팬시얀과 가는 실을 합사하여 새로운 소재의 실을 만들 수 있으며 유니크한 질감을 낼 때 적합합니다. 플랫 스티치보다는 루프 스티치가 적합합니다.

### ⑥ 구름실

실 안에 공기층이 있어 가벼운 소품을 만들기 좋은 실입니다. 의류나 가방에 사용하면 가벼운 느낌으로 표현할 수 있습니다. 플랫 스티치와 루프 스티치 모두 적합한 실입니다.

## PART 1

# 펀치니들 자수의 기초

원단의 올 풀림 방지
수틀에 원단 고정하기
펀치니들에 실 끼우기
펀치니들에 실 합사하기
원단에 도안 그리기
펀치니들 사용 방법과 주의 사항
펀치니들 작품을 완성하는 바느질 기법

# 펀치니들 자수의 기초

### 원단의 올 풀림 방지

몽스 원단의 특성상 끝단의 올이 잘 풀리기 때문에 작업 전에 반드시 원단의 올 풀림 방지 처리를 해야 합니다. 몽스 원단의 올 풀림 방지 처리에 가장 많이 사용하는 방법에는 두 가지가 있습니다. 하나는 마스킹테이프를 원단 끝에 붙이는 것이고, 다른 하나는 목공풀을 바르는 것입니다. 목공풀의 경우 풀이 다 마를 때까지 시간이 소요되므로 가장 대중적으로 사용하는 방식은 마스킹테이프를 부착하는 것입니다.

---

### • 마스킹테이프

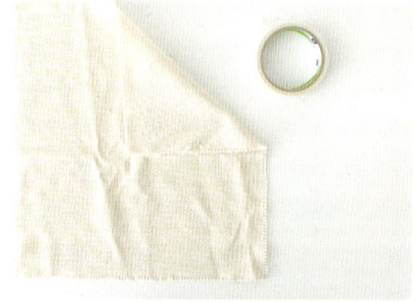

**01**
재단한 원단의 끝단에 마스킹테이프를 붙입니다. 이때 뒷면은 붙이지 않아도 됩니다.

**TIP** 원단의 가장 끝단, 올이 풀려 있는 부분부터 붙입니다.

**02**
원단의 사방에 마스킹테이프를 붙이면 완성입니다.

### • 목공풀

**01**
재단한 원단의 끝단에 목공풀을 얇게 펴 바릅니다. 이때 뒷면은 바르지 않아도 됩니다.

**TIP** 원단의 끝단에 올이 풀리지 않은 부분부터 바릅니다.

**02**
목공풀을 사방에 조금씩 펴 바른 뒤 완전히 말리면 완성입니다.

### 수틀에 원단 고정하기

펀치니들 자수를 할 때는 다양한 종류의 수틀을 사용하는데, 그중 가장 많이 사용하는 수틀 세 가지를 소개합니다. 펀치니들은 일반 자수와 달리 바늘의 굵기가 굵고 털실을 사용하기 때문에 펀칭을 할수록 원단이 아래로 처질 수 있으니 고정력이 강한 수틀을 사용하는 것이 중요합니다.

---

#### • 자수용 원목 수틀

자수용 원목 수틀은 사이즈도 다양하고 구하기도 쉬워서 일반적으로 편하게 사용하는 수틀입니다. 원단을 팽팽하게 잡아당긴 뒤 고정 나사를 강하게 조여주는 것이 포인트입니다.

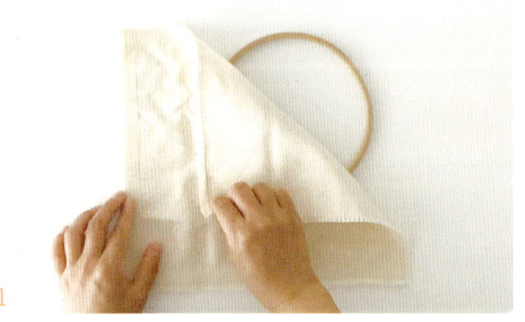

**01**
수틀을 분리한 다음 수틀의 안쪽(내경)을 바닥에 두고 그 위에 원단을 올립니다.

**02**
원단 위에 수틀의 바깥쪽(외경)을 끼웁니다.

**03**
한 손으로 수틀을 잡고 반대쪽 손으로 원단을 당기면서 나사를 조금씩 조입니다. 원단이 팽팽해질 때까지 원단을 당기고 나사를 조이는 과정을 반복합니다.

**04**
원단 위를 두드렸을 때 북소리가 나면 팽팽하게 고정된 것입니다. 드라이버로 나사를 끝까지 조여 단단히 고정하면 완성입니다.

### • 그리퍼 수틀

그리퍼 수틀은 펀치니들 전용으로 제작된 수틀입니다. 수십 개의 니들이 원목 테두리에 고정되어 있어 원단을 조금 더 쉽고 강하게 부착할 수 있지만, 원단 위로 니들이 튀어나와 있으니 손목을 긁히지 않도록 주의해야 합니다. 그리퍼 수틀에 원단을 고정할 때는 원단을 좌우로 잡아당겨 그리퍼 니들에 걸듯이 붙이면 됩니다. 좌우로 당겨 고정한 다음 나머지 면도 잡아당겨 부착하면 아주 팽팽하게 원단을 붙일 수 있습니다.

01
그리퍼 수틀 위에 원단을 올립니다.

02
원단을 좌우로 당긴 뒤 그리퍼 니들에 걸듯이 붙입니다.

03
상하좌우를 팽팽하게 잡아당기며 니들에 걸어 붙입니다.

04
원단의 오와 열이 맞는지 확인하며 팽팽하게 붙이면 완성입니다.

## • 캔버스 수틀

캔버스 수틀은 가격이 저렴하고 다양한 사이즈를 손쉽게 구할 수 있습니다. 액자로 사용이 가능해 캔버스 수틀에 원단을 부착해 작업하면 그 상태 그대로 작품이 됩니다. 사용 방법은 원단 위에 캔버스 수틀을 올린 뒤 원단을 뒤로 접어 한 면을 타카로 고정합니다. 한쪽 면을 고정했다면 나머지 면도 같은 방법으로 팽팽하게 당겨 고정하고, 모서리는 세모 모양으로 접어 누른 뒤 타카로 박아 정리하면 됩니다. 캔버스 수틀은 타카로 원단을 고정하는 방법이라 팽팽하게 당겨서 고정했어도 원단의 팽팽함이 그리퍼 수틀보다는 약하다는 단점이 있습니다.

01

원단 위에 캔버스 수틀을 올린 뒤 원단을 뒤로 잡아당기면서 수틀의 사방에 타카를 박아 고정합니다.

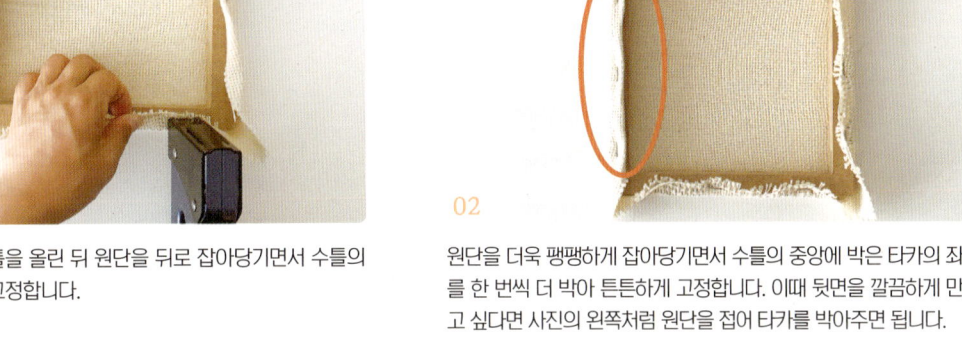

02

원단을 더욱 팽팽하게 잡아당기면서 수틀의 중앙에 박은 타카의 좌우를 한 번씩 더 박아 튼튼하게 고정합니다. 이때 뒷면을 깔끔하게 만들고 싶다면 사진의 왼쪽처럼 원단을 접어 타카를 박아주면 됩니다.

03

타카를 박은 사이사이의 원단을 잡아당기며 빈 곳에 타카를 빽빽하게 박아줍니다.

04

모서리에 남은 원단은 삼각형 모양으로 접어 누른 뒤 타카를 박아 원단을 깔끔하고 튼튼하게 고정하면 완성입니다.

## 펀치니들에 실 끼우기

펀치니들은 절개형과 비절개형으로 나뉘는데 책에서는 주로 절개형을 사용했습니다. 비절개형 바늘은 실 끼우기 도구가 필요한 반면, 절개형 바늘은 바늘부터 손잡이 끝까지 몸체에 홈이 있어서 실을 끼우고 교환하기가 쉽다는 장점이 있습니다.

---

### • 절개형 바늘

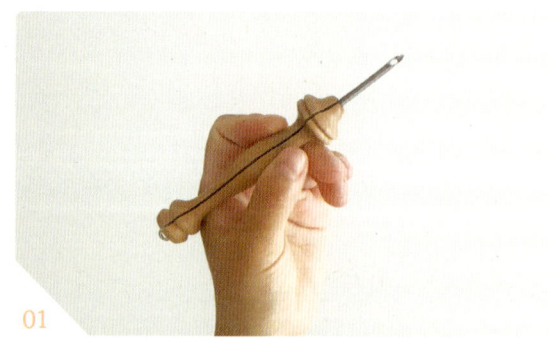

01
손잡이의 홈이 위를 향하도록 잡습니다.

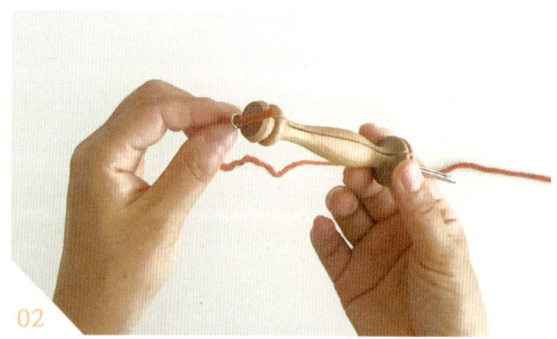

02
실을 손잡이 상단의 고리에 끼워 넣습니다.

03
실을 그대로 잡아당겨 바늘 끝의 구멍에 통과시킵니다.

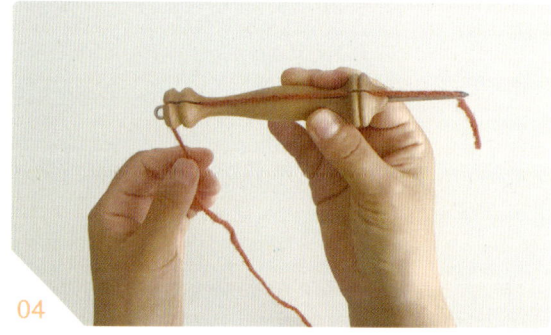

04
실을 앞뒤로 왔다갔다 반복하여 움직이며 손잡이의 홈에 끼우면 완성입니다.

• 비절개형 바늘

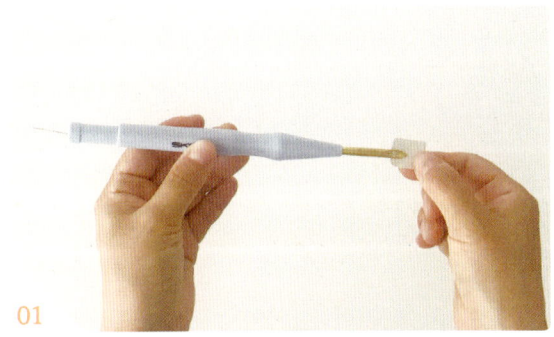

01

실 끼우개의 종이 부분을 잡고 바늘 끝의 구멍으로 고리를 통과시켜 손잡이의 끝부분까지 고리가 나오도록 밀어 넣습니다.

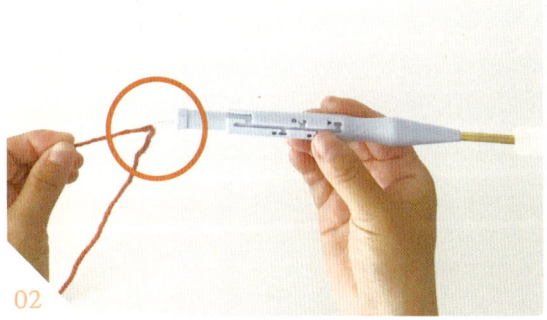

02

실 끼우개 끝의 고리를 벌려 사이에 실을 걸어줍니다.

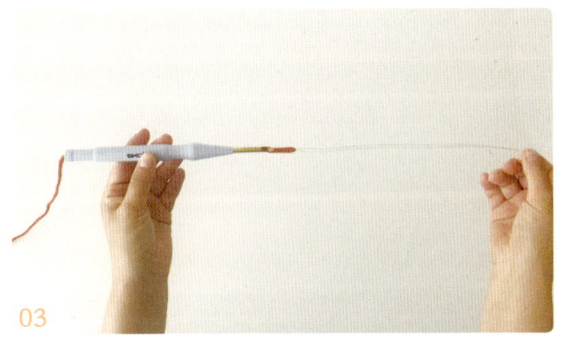

03

실 끼우개의 종이 부분을 잡고 천천히 잡아당깁니다. 고리에 걸린 실이 손잡이를 통과해 바늘 끝의 구멍으로 나올 때까지 당깁니다.

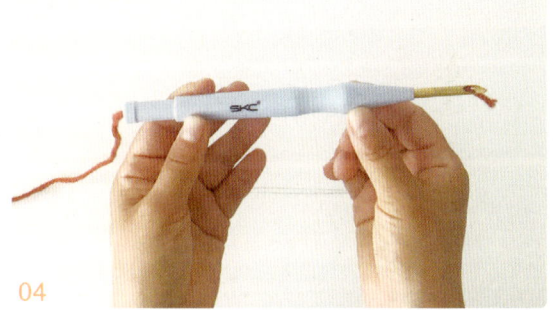

04

실이 바늘에 걸렸다면 실 끼우개를 제거하고 길이를 조절하면 완성입니다.

## 펀치니들에 실 합사하기

흔히 사용하는 펀치니들은 주로 굵은 실에 굵은 바늘을 사용하지만, 책에 사용한 펀치니들은 가는 바늘에 가는 실을 사용하는 경우가 더 많습니다. 가는 실을 사용할 때는 실 두 가닥을 합사해서 펀칭합니다. 소재나 색감 등 서로 다른 종류의 실을 합사하면 다양한 개성을 살린 작품을 완성할 수 있습니다.

---

### • 실 한 볼로 합사하기

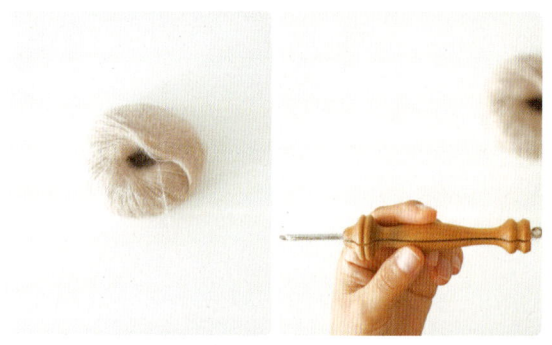

실의 중앙 안쪽에서 한 줄, 실의 바깥에서 한 줄을 빼내어 두 줄을 함께 잡고 바늘에 끼웁니다.

### • 실 두 볼로 합사하기

①번과 ②번 실의 중앙에서 각각 한 줄씩 빼내어 두 줄을 함께 잡고 바늘에 끼웁니다. 중앙에서 실을 빼내면 실뭉치가 움직여 실이 꼬이지 않아 펀칭하기 쉽습니다.

### • 종류가 다른 실 두 볼로 합사하기

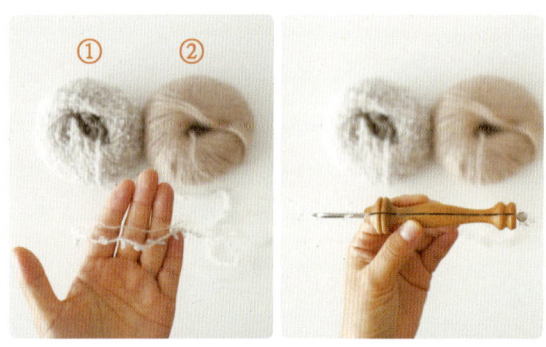

①번과 ②번 실의 중앙에서 각각 한 줄씩 빼내어 두 줄을 함께 잡고 바늘에 끼웁니다. 특수사와 일반사를 합사할 경우 펀칭은 특수사 펀칭 기법으로 펀칭합니다.

색상이나 소재를 다르게 하여 합사하면 다양한 느낌을 표현할 수 있으니 여러 실을 합사해 작품을 만들어 봅시다.

### 원단에 도안 그리기

원단에 도안을 그리는 방법은 여러 가지가 있지만 그중 가장 많이 사용하는 방법은 빛을 이용하는 것입니다. 원단에 도안을 부착하고 뒤에서 빛을 비춘 다음 원단을 통과해 비치는 선을 따라 그리는 방법입니다. 이 방법을 사용할 때 주의할 점은 완성 면에 따라 도안의 좌우가 바뀔 수 있다는 것입니다. 완성 면에 그대로 그려야 하는지, 반전해서 그려야 하는지 생각한 다음 도안을 그려야 합니다.

**01**
원단을 끼운 수틀을 뒤집은 뒤, 도안이 원단을 향하도록 뒤집어 놓고 마스킹테이프로 떨어지지 않게 붙입니다.

**TIP** 완성 면에 따라 도안을 반대로 놓아야 할 수도 있습니다.

**02**
수틀을 뒤집고 아래쪽에 램프나 휴대폰 플래시를 비춥니다. 그다음 수성펜이나 열펜으로 원단에 비치는 도안을 따라 그리면 완성입니다.

---

※ **주의 사항**  완성 면에 따라 도안의 좌우를 바꾸어야 하는 경우가 있습니다.
특히 글자의 완성 면이 루프 면일 때는 글자를 반전시켜 그린 뒤 펀칭해야 합니다.

• 플랫 스티치

도안의 방향과 완성 면의 방향이 같습니다.

• 루프 스티치

도안의 방향과 완성 면의 방향이 반전됩니다.

## 펀치니들 사용 방법과 주의 사항

펀치니들 사용 방법은 단순하고 쉽습니다. 연필을 잡듯 바늘을 쥐고 손잡이의 홈이 진행 방향을 향하도록 펀칭합니다. 진행 방향에 따라 바늘 또는 수틀을 이리저리 돌려가며 펀칭하면 됩니다. 틀렸을 때는 잘못 펀칭한 실을 잡아당겨 빼낸 뒤, 바늘 끝으로 원단을 몇 번 긁어 구멍 난 부분을 복구한 다음 다시 펀칭하면 됩니다.

### • 펀치니들 사용 방법

01

펀치니들에 실을 끼워 준비합니다. 이때 실은 많이 풀어 두는 것이 좋습니다.

02

연필을 쥐듯 손잡이를 잡고 도안을 따라 원단을 펀칭합니다. 이때 중요한 점은 손잡이의 홈이 진행 방향을 향하도록 두고 펀칭을 해야 한다는 것입니다.

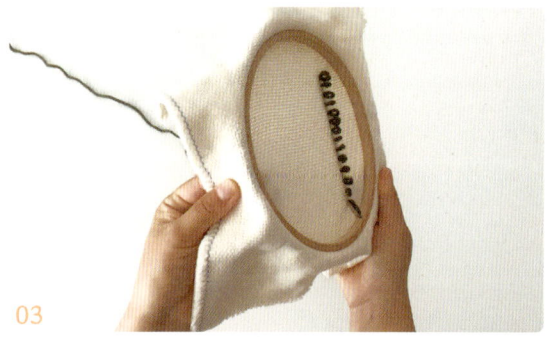

03

원단을 펀칭할 때는 바늘을 원단 끝까지 밀어 넣어 루프의 길이를 동일하게 만듭니다.

04

바늘을 들어올릴 때는 위로 너무 많이 빼지 말고 원단 위에 밀착하여 끌듯이 이동하면서 펀칭합니다.

• 펀치니들 주의 사항

펀칭 시 원단 위로 바늘을 뺄 때 바늘 끝을 원단에 밀착시켜 끌듯이 뺀 뒤 펀칭하는 것이 중요합니다. 또한 실이 어딘가에 걸려 있거나 바늘과 실을 동시에 잡으면 펀칭이 되지 않으니 주의하고, 실은 항상 여유롭게 풀어 두는 것이 좋습니다.

### 펀칭 시 주의 사항

바늘을 높이 들어올리면 앞서 진행한 펀칭이 함께 풀어집니다.

실을 바늘과 함께 잡으거나 실이 어딘가에 걸려 있으면 펀칭이 되지 않습니다.

### 플랫 면 완성 시 주의 사항

플랫 면이 완성 면이라면, 수틀의 앞면에 플랫 스티치를 빈 곳 없이 촘촘하게 펀칭합니다.

### 루프 면 완성 시 주의 사항

루프 면이 완성 면이라면, 플랫 스티치 사이에 간격이 생겨도 루프 면의 간격은 벌어지지 않으므로 촘촘하게 펀칭하지 않아도 됩니다. 단, 짧은 바늘과 가는 실로 펀칭할 때에는 루프 면이 완성 면이라도 촘촘하게 펀칭하는 것이 좋습니다.

## 편치니들 작품을 완성하는 바느질 기법

• 감침질

감침질은 편치니들 자수의 마감 방법 중 가장 흔하게 사용하는 방법입니다. 특히 플랫 스티치로 완성했을 때 감침질을 주로 사용하여 마감합니다.

01 실 두 가닥을 돗바늘에 끼워 매듭을 지은 뒤 원하는 위치에 바늘을 넣고 뒤로 실을 뺍니다. 그다음 실 두 가닥을 가지런히 앞으로 가져 와 매듭 옆에 바늘을 넣고 뒤로 뺍니다.

02 뒤로 뺀 실을 다시 앞으로 가져와 가지런히 모은 뒤, 두 줄 옆에 바느질합니다.

03 같은 과정을 계속 반복합니다.

04 실이 바늘 길이보다 조금 더 길게 남았을 때 감침질한 실 사이로 바늘을 빼내 매듭을 짓지 않고 가위로 잘라 마무리하면 완성입니다.

• 공그르기

공그르기는 안감을 달거나 겉감을 연결할 때 주로 사용하는 방법입니다. 실이 보이지 않게 바느질할 수 있어 깔끔한 마감이 가능합니다.

01
수예용 바늘에 수예용 실을 끼워 두 가닥으로 매듭지은 다음 윗단에서 한 땀 바느질합니다.

02
아랫단으로 바늘을 옮겨 윗단에서 한 땀 놓은 간격만큼 띄어 아랫단에 한 땀을 바느질합니다.

03
다시 윗단으로 바늘을 옮겨 맞은편 아랫단에 한 땀 놓은 간격만큼 띄어 바느질합니다. 실이 원단 가장자리 안으로 숨을 수 있도록 중간중간 당겨주면 깔끔하게 실을 정리할 수 있습니다.

04
끝까지 공그르기를 했다면 매듭을 짓고 실을 가위로 잘라 마무리하면 완성입니다.

• 홈질

손바느질할 때 많이 쓰이는 기법으로 같은 간격으로 한 땀씩 바느질하는 방법입니다. 튼튼하지는 않지만 빠르게 원단을 고정할 수 있습니다.

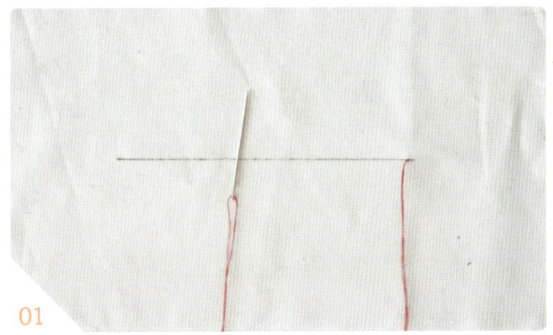

01

수예용 바늘에 수예용 실을 끼워 매듭을 지은 다음, 원단 아래에 바늘을 넣어 아래에서 위로 통과시키고 끝까지 잡아당겨 빼냅니다.

02

바늘이 통과한 부분에서 왼쪽으로 0.5cm 떨어진 곳에 한 땀을 뜨고 바늘을 끝까지 잡아당겨 빼냅니다.

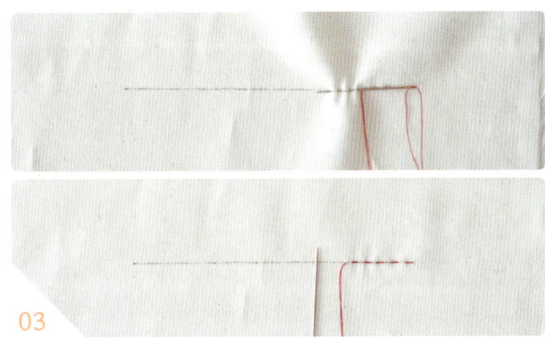

03

0.5cm 간격으로 동시에 여러 땀을 뜬 다음 바늘을 끝까지 잡아당겨 빼내면 한 번에 여러 땀을 만들 수 있습니다.

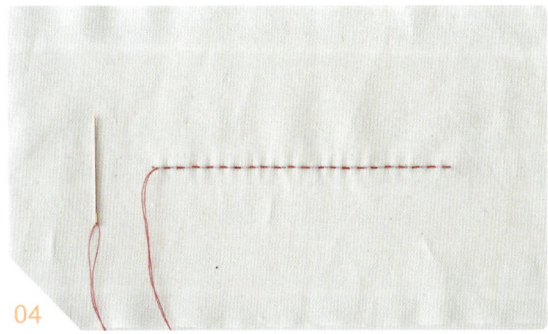

04

같은 방법으로 바늘땀의 길이와 간격이 일정하도록 바느질하면 완성입니다.

## • 박음질

박음질은 원단을 튼튼하게 이어주는 바느질 방법입니다. 한 땀을 뜨고 되돌아가 다시 한 땀을 뜨며 꿰매는 과정을 반복하기 때문에 일반 바느질보다 훨씬 튼튼합니다.

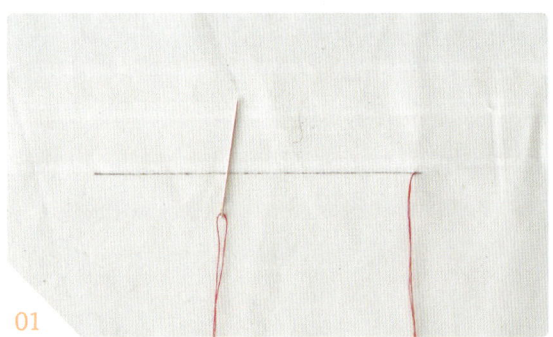

01

수예용 바늘에 수예용 실을 끼워 매듭을 지은 다음, 시작 부분에서 왼쪽으로 0.5cm 떨어진 곳의 원단 아래에 바늘을 넣어 아래에서 위로 끝까지 통과시킵니다.

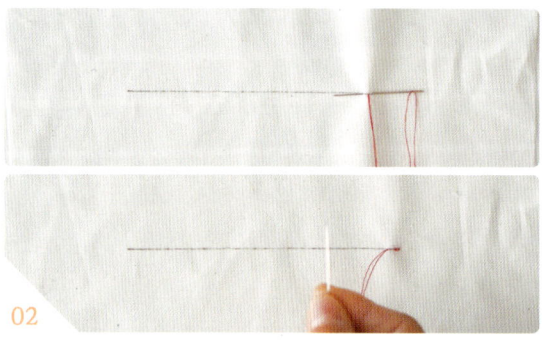

02

바늘이 통과한 부분에서 오른쪽으로 0.5cm 돌아갔다가(시작점) 왼쪽으로 1cm 띄어 한 땀을 뜨고 바늘을 끝까지 잡아당겨 빼냅니다.

03

다시 오른쪽으로 0.5cm 돌아갔다가 왼쪽으로 1cm 띄어 한 땀을 뜹니다.

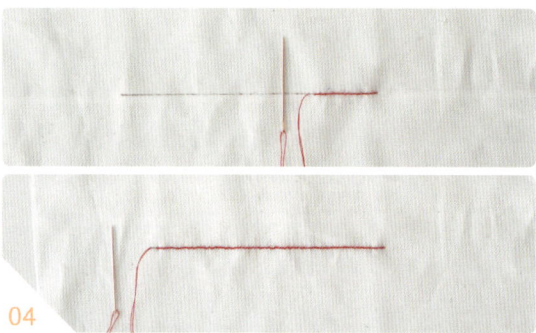

04

같은 방법으로 바늘땀의 길이가 같고 빈 곳 없이 한 줄로 이어지도록 꼼꼼하게 바느질하면 완성입니다.

PART 2

# 펀치니들 자수의
# 스티치 종류

플랫 스티치
루프 스티치
루프컷 스티치
응용 스티치
특수사를 이용한 펀칭 방법
실 정리하기

# 펀치니들 자수의 스티치 종류

**플랫 스티치**

플랫 스티치는 박음질처럼 직선으로 펀칭하는 기법입니다.
땀의 간격이 균일해야 하며 다음 줄을 펀칭할 때는 한 땀의 반씩 윗줄과 겹치도록 펀칭하는 것이 기본적인 방법입니다. 만약 마지막 땀이 한 땀의 반을 놓을 수 없을 정도로 작다면 두 땀을 한 땀으로 생각하여 반 땀을 놓습니다.
플랫 스티치는 완성된 면에 스티치가 보이기 때문에 스티치의 간격이 동일해야 하고, 원단이 보이지 않도록 윗줄과 아랫줄 사이의 간격을 촘촘하게 펀칭하는 것이 좋습니다. 도안의 방향에 따라서 스티치의 방향과 결을 맞춰 펀칭하면 깔끔한 작품을 얻을 수 있습니다.

• **땀의 길이에 따른 플랫 스티치**

플랫 스티치를 할 때는 땀의 길이도 중요합니다. 한 땀의 길이가 1cm를 넘어가면 실 사이로 원단이 보이거나 실이 빠지는 경우가 있으므로 한 땀의 길이는 0.5cm 정도가 가장 좋습니다. 바늘의 길이가 짧은 3호 니들을 사용한다면 0.3cm 정도로 땀의 간격을 촘촘하게 펀칭해야 원단이 보이지 않습니다. 펀칭할 때는 벽돌을 쌓듯 실을 지그재그로 펀칭하여 면을 채웁니다.

• **실 두께에 따른 플랫 스티치**

플랫 스티치는 실 두께에 따라서도 느낌이 달라집니다. 가는 실을 사용하면 오밀조밀하면서 **빽빽한** 느낌이 들고, 굵은 실을 사용하면 따뜻한 느낌과 여유가 느껴집니다. 만들고자 하는 작품을 생각하면서 원하는 느낌의 실을 사용합니다.

가는 바늘, 가는 실로 펀칭하기

굵은 바늘, 굵은 실로 펀칭하기

### 루프 스티치

플랫 스티치를 했을 때 뒷면에 생기는 실 고리를 '루프'라고 하며, 루프가 만들어진 면을 완성 면으로 할 때를 루프 스티치라고 합니다. 루프 스티치로 면을 완성할 때는 루프의 길이가 동일해야 하므로 바늘을 원단 끝까지 밀어 넣으며 펀칭하도록 합니다. 이렇게 루프 스티치로 작업한 면은 볼륨이 있어 입체감을 주는 작업을 할 때 아주 좋습니다. 종종 루프의 길이에 높낮이를 주어 입체감을 강조하는 경우가 있는데 이럴 때는 바늘의 길이를 다르게 하여 펀칭하면 루프의 높낮이가 달라져 새로운 느낌의 작품이 완성됩니다.

굵은 바늘과 굵은 실을 사용하여 루프 스티치를 할 때는 플랫 스티치처럼 윗줄과 아랫줄 사이의 간격을 촘촘하게 하지 않아도 됩니다. 오히려 너무 촘촘하게 작업하면 루프 면이 과하고 단단해질 수 있습니다. 다만 가는 바늘과 가는 실, 길이가 짧은 바늘과 가는 실을 사용할 때는 플랫 스티치의 간격을 촘촘하게 펀칭해야 루프 면에 원단이 보이지 않습니다.

( 루프컷 스티치 )

루프컷 스티치는 루프 면의 실 고리를 잘라 깔끔하게 정리하는 기법을 말합니다. 실 고리 가운데를 자르면 러그 같은 질감을 줄 수 있으며 도안에 따라 다양하게 응용하여 훨씬 더 볼륨감 있고 입체적인 작품을 만들 수 있습니다. 실 고리를 모두 자른 다음에는 잘린 면이 평평해지도록 가위로 다듬어 주는 것이 중요합니다.

루프컷 스티치를 할 때는 길이가 짧고 가는 바늘보다는 길고 두꺼운 바늘을 사용하는 것이 좋습니다. 너무 짧은 바늘을 사용하면 실 고리의 길이도 짧아져 루프의 길이를 평평하게 다듬을 수 없습니다. 슈지치바농 굵은 바늘 15호를 추천하고 SKC 바늘은 A 혹은 B 단계를 추천합니다.

## 응용 스티치

응용 스티치는 프랑스 자수의 다양한 스티치처럼 펀치니들로 표현할 수 있는 스티치를 말합니다. 나뭇잎이나 열매 혹은 스웨터 느낌을 표현할 수 있는 재미있는 스티치를 소개합니다.

## ① 나뭇잎 스티치

원단에 나뭇잎 모양을 그린 다음, 상단 중앙에 바늘을 넣고, 위에서 아래로 한 땀을 내려 펀칭합니다.

아랫단에서 오른쪽 위 대각선으로 한 땀 올려 펀칭합니다.

바늘을 돌려 아래쪽 중앙으로 한 땀 내려 펀칭합니다.

**TIP** 펀치니들의 손잡이 홈과 펀칭의 진행 방향이 일치하도록 바늘을 돌려 펀칭합니다.

같은 방법으로 오른쪽과 왼쪽을 번갈아가면서 꼼꼼하게 끝까지 펀칭합니다.

끝까지 펀칭했다면 아래 중앙에서 가운데의 잎맥을 따라 위로 올라가며 한 땀씩 펀칭합니다.

잎맥 끝까지 펀칭하고 마무리하면 나뭇잎 스티치가 완성됩니다.

## ② 열매 스티치

01

원단에 동그란 열매 모양을 그린 다음, 왼쪽에서 시작해 위→아래, 아래→위로 번갈아가며 테두리를 따라 크게 한 땀씩 펀칭합니다.

02

왼쪽에서 시작해 오른쪽에서 끝나도록 원 모양의 도안을 따라 안쪽 면을 모두 채웁니다.

03

이번에는 오른쪽에서 왼쪽으로 바늘 끝을 움직여 앞서 채운 실을 감싸듯 아래에서부터 펀칭합니다. 바늘 끝을 움직일 때는 원단에 밀착해 첫 번째 펀칭의 실이 원단에 붙어 있도록 합니다.

04

아래에서 시작해 오른쪽→왼쪽, 왼쪽→오른쪽으로 좌우 번갈아가며 펀칭합니다. 이때, 02번 과정에서 채운 스티치를 감싼다는 느낌으로 끝까지 펀칭합니다.

05

가장 마지막에는 03번 과정과 마찬가지로 앞서 채운 실을 감싸듯 원단에 실을 밀착해 펀칭합니다.

06

끝까지 펀칭하고 마무리하면 열매 스티치가 완성됩니다.

## ③ 니팅 스티치

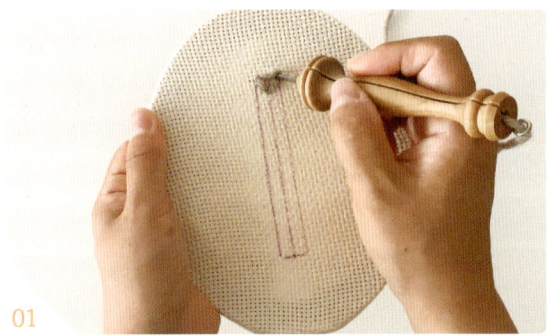

01

원단에 좁고 긴 직사각형 두 개를 붙여 그린 다음 맨 윗부분에 삼각형 모양으로 한 땀씩 펀칭합니다. 이때 펀칭의 시작과 끝은 오른쪽 모서리로 합니다.

02

삼각형의 변을 따라 오른쪽에서 왼쪽 아래로 펀칭합니다. 아래로 내려올 때는 중앙선의 조금 옆쪽으로 내려옵니다.

03

바늘을 돌려 위로 짧게 한 땀을 올린 다음, 다시 바늘을 돌려 위에서 아래로 한 땀을 내립니다. 이번에는 중앙선 위로 올라갑니다.

04

중앙선을 따라 좌우 번갈아가며 끝까지 펀칭하면서 내려옵니다.

05

도안을 다 채웠다면, 오른쪽 라인을 따라 위로 한 땀씩 펀칭하며 올라갑니다.

06

오른쪽 라인에 플랫 스티치로 두세 줄 정도 펀칭하면 니팅 스티치가 완성됩니다.

## ④ 새틴 스티치

01

원단에 정사각형을 그리고, 맨 위부터 오른쪽에서 왼쪽으로 한 줄 길게 펀칭합니다.

02

아래로 반 땀을 펀칭하며 내려옵니다. 땀의 길이는 위에서 길게 펀칭한 실의 두께만큼 펀칭하면 됩니다.

03

이번에는 왼쪽에서 오른쪽으로 길게 한 땀을 펀칭합니다.

04

다시 아래로 반 땀을 펀칭하며 내려옵니다.

05

같은 방법을 반복해 한 줄씩 번갈아가며 면을 채웁니다.

06

면을 모두 채우면 새틴 스티치가 완성됩니다.

### 특수사를 이용한 펀칭 방법

펀치니들은 일반적으로 주변에서 흔히 볼 수 있는 털실을 사용해 펀칭하는 편이지만, 다양한 소재의 특수사를 사용하면 독특한 텍스처를 구현할 수 있습니다. 가죽이나 비닐처럼 미끄러운 소재는 루프끼리 걸리지 않고 빠져서 펀칭하기 어렵지만, 그 외의 소재들은 바늘 방향과 두께만 바꾸면 매끄럽게 진행할 수 있습니다. 예를 들어 얇은 거즈 원단도 길게 자르면 실처럼 사용할 수 있습니다. 특수사는 주로 루프 면을 사용하기 때문에 긴 바늘(10호, 15호)을 이용하여 펀칭하도록 합니다.

---

• 펀칭 방법

일반적인 펀칭 방법은 손잡이의 홈이 진행하는 방향을 향해 있어야 하지만, 특수사는 손잡이의 홈이 왼쪽을 향하도록 두고 펀칭해야 합니다. 또한 날개가 달려 있거나 동물의 털 같은 느낌의 특수사는 가는 바늘보다 굵은 바늘을 사용하는 것이 좋습니다. 모헤어처럼 가는 실은 길고 가는 바늘을 사용해 두 가닥을 합사하여 펀칭해야 실이 빠지지 않습니다.

| 모헤어 |

가는 바늘 10호에 두 가닥의 실을 합사한 다음 손잡이의 홈이 왼쪽을 향하게 두고 펀칭합니다. 실과 실 사이의 간격을 촘촘하게 펀칭해야 하며, 주로 루프 면을 사용합니다.

## | 날개사 |

가는 바늘 10호와 굵은 바늘 15호 모두 사용 가능하며 손잡이의 홈이 왼쪽을 향하게 펀칭합니다. 실에 날개 같은 실이 달려 있어 실 사이의 간격을 촘촘하게 펀칭하지 않아도 되며, 주로 루프 면을 사용합니다.

## | 종이실 |

굵은 바늘 15호를 사용하며 손잡이의 홈이 왼쪽을 향하게 펀칭합니다. 플랫 면과 루프 면을 모두 사용할 수 있으며 플랫 면을 완성 면으로 했을 때 니팅 스티치에 적합한 실입니다.

## | 부클사 |

굵은 바늘 15호를 사용하며 다른 특수사와 달리 손잡이의 홈이 펀칭하는 방향을 향하게 펀칭합니다. 실과 실 사이의 간격이 촘촘하지 않아도 실에 고리가 달려 있어 풍성한 루프가 형성되므로 주로 루프 면을 사용합니다.

실 정리하기

작품을 거의 다 완성했다면 이제 실을 정리해 깔끔하게 만듭니다. 실을 정리하는 방법은 크게 두 가지로, 완성 면이 플랫 스티치일 때와 루프 스티치일 때로 나뉩니다.

---

### • 플랫 스티치로 완성

남은 실을 짧게 자른 다음 전체적으로 보면서 튀어나온 실을 가위의 뾰족한 부분으로 눌러가며 정리합니다.

### • 루프 스티치로 완성

루프끼리 엉켜 있는 부분을 가위의 뾰족한 부분으로 풀어 정리합니다. 전체적으로 보면서 도안의 형태에 따라 뭉쳐 있는 루프들을 그림의 결대로 정리합니다.

PART 3

## 펀치니들 자수로 만드는
## 생활 소품

간단하게 완성하는 펀치니들
활용도 높은 펀치니들
분위기를 바꾸는 펀치니들

## chapter 01

# 간단하게 완성하는 펀치니들

───

가장 기본적인 기법만을 사용한 펀치니들 작품입니다.
처음 펀치니들 자수를 접하는 사람들도
부담 없이 쉽고 완성도 높은 작품을 완성할 수 있어요.
간단한 것부터 시작해 흥미를 느껴 보세요.

· 꽃 액자
· 티코스터
· 화분 커버

밋밋한 벽에 포인트를,
01

# 꽃 액자

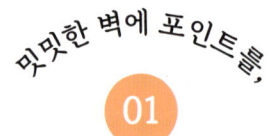

제가 만드는 아이템들은 대부분 색감이 강하지 않아요. 튀지 않는 색감으로도 주변에 잔잔하게 포인트를 줄 수 있거든요. 처음으로 만들어 볼 작품은 펀치니들 자수 중 가장 기본이 되는 루프 스티치만을 사용한 꽃 액자예요. 캔버스 수틀을 사용하여 완성과 동시에 액자로 활용할 수 있도록 만들었어요. 허전한 벽에 몽글몽글한 색감의 실로 수놓은 꽃 액자를 걸어 장식해 보아요.

---

**준비물**

몽스 원단, 25cm 캔버스 수틀, 타카
산네스간 더블선데이(3021 라이트 베이지, 4081 커피빈)
산네스간 알파카울(1015 키트, 2542 카멜, 9573 모스그린)
슈지치바농 펀치니들 가는 바늘 10호
가위, 수성펜, 마스킹테이프

**기법**

루프 스티치(p.40)

**펀칭 순서**

| 4081 커피빈 | 1015 키트 | 9573 모스그린 |
| 3021 라이트 베이지 | 2542 카멜 | |

**마감 순서**

+ 색상 펀칭이 하나씩 끝날 때마다 실을 깔끔하게 자릅니다.

**POINT**

+ 루프 면이 완성 면이 될 때는 도안과 도안이 겹치는 부분을 1~2mm 띄어 펀칭합니다.

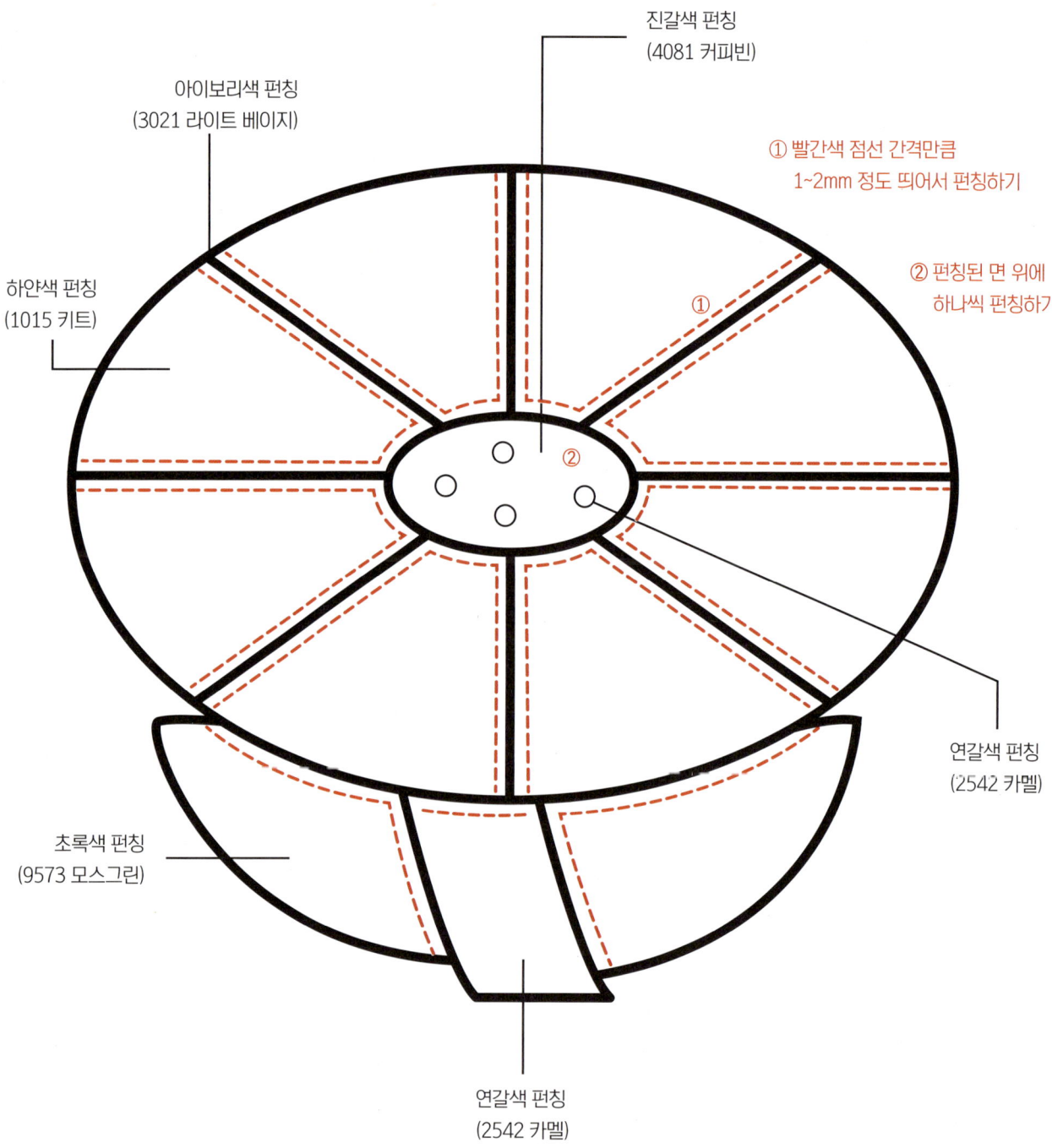

01

25cm 캔버스 수틀에 타카로 몽스 원단을 고정해 준비합니다. 앞면을 보았을 때 팽팽하게 고정되어 있어야 합니다.

TIP [PART 1. 펀치니들 자수의 기초 – 수틀에 원단 고정하기 – 캔버스 수틀(p.25)]을 참고해 원단을 고정합니다.

02

루프 면이 완성 면이므로 도안을 캔버스 수틀 앞면에 뒤집어 붙입니다.

03

캔버스 수틀을 뒤집었을 때 도안이 원하는 모양으로 보여야 합니다.

04

원단에 비치는 선을 따라 수성펜으로 도안을 그립니다.

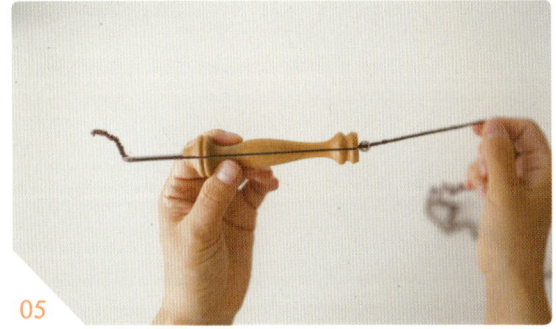

05

슈지치바농 펀치니들 가는 바늘 10호에 진갈색의 **4081 커피빈** 실을 끼웁니다.

TIP [PART 1. 펀치니들 자수의 기초 – 펀치니들에 실 끼우기 – 절개형 바늘(p.26)]을 참고해 실을 끼웁니다.

06

수틀 뒷면에 그린 도안을 따라 꽃 중앙의 작은 원을 펀칭합니다. 작은 동그라미의 테두리를 따라 3~4mm 간격으로 펀칭을 시작합니다.

TIP [PART 2. 펀치니들 자수의 스티치 종류 – 루프 스티치(p.40)]를 참고합니다.

**07** 수틀을 뒤집어 앞면의 루프 길이가 일정한지 확인합니다. 바늘을 끝까지 밀어 넣어 펀칭해야 루프의 길이가 같아지니 신경 써서 펀칭합니다.

**08** 다시 수틀을 뒤집고 테두리 안쪽의 면을 채우듯 펀칭합니다.

**09** 중간중간 수틀을 뒤집어 루프의 길이가 일정한지 확인합니다.

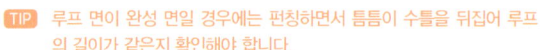

TIP 루프 면이 완성 면일 경우에는 펀칭하면서 틈틈이 수틀을 뒤집어 루프의 길이가 같은지 확인해야 합니다.

**10** 마지막까지 면을 다 채운 다음, 가위로 실을 잘라 마무리합니다.

**11** 꽃의 둥근 면이 완성되었습니다.

**12** 펀치니들에 아이보리색의 **3021 라이트 베이지** 실을 끼우고 꽃잎의 안쪽 라인을 3~4mm 간격으로 펀칭합니다. 총 세 줄을 나란히 펀칭합니다.

13
수틀을 뒤집어 펀칭이 잘 되었는지 확인합니다.

14
옆 라인도 같은 방법으로 펀칭합니다.

15
수틀을 뒤집어 루프 면을 확인합니다.

16
나머지 라인도 같은 방식으로 펀칭하며 마무리합니다.

17
사진과 같이 아이보리색 실이 진갈색으로 펀칭한 동그란 루프 면을 통과하지 않도록 펀칭합니다.

18
펀치니들에 하얀색의 **1015 키트** 실을 끼우고 꽃잎의 테두리를 펀칭합니다.

**19** 아이보리색 펀칭과 맞닿는 부분은 1~2mm 정도 간격을 띄어 꽃잎 한 장을 펀칭합니다.

**TIP** 도안의 빨간색 점선을 참고합니다.

**20** 테두리를 펀칭한 다음 꽃잎 안쪽 면을 채우듯 펀칭합니다.

**21** 같은 방법으로 나머지 꽃잎도 모두 펀칭하여 면을 채워 마무리합니다.

**22** 수틀을 뒤집어 아이보리색 선과 하얀색 꽃잎 사이의 간격이 겹치지 않았는지 확인합니다.

**23** 펀치니들에 연갈색의 **2542 카멜** 실을 끼우고 줄기의 테두리를 펀칭합니다. 꽃잎 부분과 겹치지 않도록 하얀색 펀칭과 맞닿는 부분은 1~2mm 정도 간격을 띄어 펀칭합니다.

**24** 연갈색의 줄기 안쪽 면을 모두 채워 펀칭하고 마무리합니다.

25 같은 색으로 꽃 안의 수술을 표현합니다. 11번 과정에서 완성한 진갈색의 동그라미 안에 바늘을 넣습니다. 이때 수틀의 앞면(루프 면)에서 펀칭을 시작해야 합니다.

26 수틀을 뒤집어 펀칭한 바늘의 실을 잡아당겨 길게 뺍니다.

**TIP** 수술은 하나씩 펀칭합니다. 수틀의 앞면에서 펀칭을 시작했으므로 뒤로 실을 길게 빼 주어야 실을 자를 때 실이 빠지지 않습니다.

27 바늘을 위로 살짝 올려 실 사이에 공간을 띄우고 한 번 펀칭합니다.

28 다시 뒤에서 실을 빼고 가위로 잘라 마무리합니다.

29 수술 하나가 완성되었습니다.

30 같은 방법으로 나머지 수술도 위치를 잡아 펀칭하고 가위로 마무리합니다.

**31** 총 네 개의 수술을 완성합니다.

**32** 펀치니들에 초록색의 **9573 모스그린** 실을 끼우고 잎의 테두리를 펀칭합니다. 꽃잎과 줄기와 맞닿는 부분을 펀칭할 때는 서로 겹치지 않도록 1~2mm 정도 간격을 띄어 펀칭합니다.

**33** 초록색의 잎 안쪽 면을 모두 채우고, 같은 방법으로 오른쪽 잎도 펀칭해 마무리합니다.

**34** 캔버스 수틀을 뒤집어 전체적으로 모양을 확인하고 루프를 정리하면 꽃 액자가 완성됩니다.

> **TIP** [PART 2. 펀치니들 자수의 스티치 종류 – 실 정리하기 – 루프 스티치로 완성(p.49)]을 참고해 실 정리를 해줍니다.

테이블 위의 작은 포근함,

# 티코스터

일반적인 실이 아닌 특수한 재질의 '특수사'를 사용하면 색다른 느낌의 소품을 만들 수 있어요. 특수사는 그냥 펀칭하면 원단에서 잘 빠지지만, 특수사 펀칭 기법을 사용하면 실이 빠지지 않고 수월하게 펀칭할 수 있답니다. 특수사 중 하나인 풍성하고 따뜻한 느낌의 '틴실크 모헤어'로 테이블 위의 작은 티코스터를 만들어 볼게요. 티 타임 때 주전자나 컵을 올려 두기에도, 테이블 위에 어지럽게 놓인 작은 액세서리를 놓아두기에도 아주 좋아요.

---

**준비물**

몽스 원단, 30cm 그리퍼 수틀
산네스간 틴실크 모헤어(2101 라이트, 2113 밀짚노랑, 2543 브라운슈거)
슈지치바농 펀치니들 가는 바늘 10호
가위, 열펜, 마스킹테이프, 30cm 자
라텍스 본드, 붓, 글루건, 펠트지

**기법**

특수사(모헤어) 펀칭 기법(p.47)

**펀칭 순서**

2113 밀짚노랑　　　　　2543 브라운슈거　　　　　2101 라이트

**마감 순서**

+ 색상 펀칭이 하나씩 끝날 때마다 실을 깔끔하게 자릅니다.
+ 1.5~2cm 띄어 시접선을 그리고 자른 다음, 시접에 가위집을 냅니다.
+ 펀칭한 플랫 면에 라텍스 본드를 바르고 시접을 접어 붙입니다.
+ 도안 모양대로 펠트지를 자르고 글루건으로 플랫 면에 붙입니다.

**POINT**

+ 두 줄을 합사할 때는 실의 볼 안쪽에서 한 줄, 바깥쪽에서 한 줄을 빼서 두 줄을 합쳐 사용합니다.
+ 루프 면이 완성 면이 될 때는 도안과 도안이 겹치는 부분을 1~2mm 띄어 펀칭합니다.
+ 특수사로 펀칭할 때는 특수사를 이용한 펀칭 방법으로 펀칭해야 실이 빠지지 않습니다.

## 티코스터 도안
P. 215

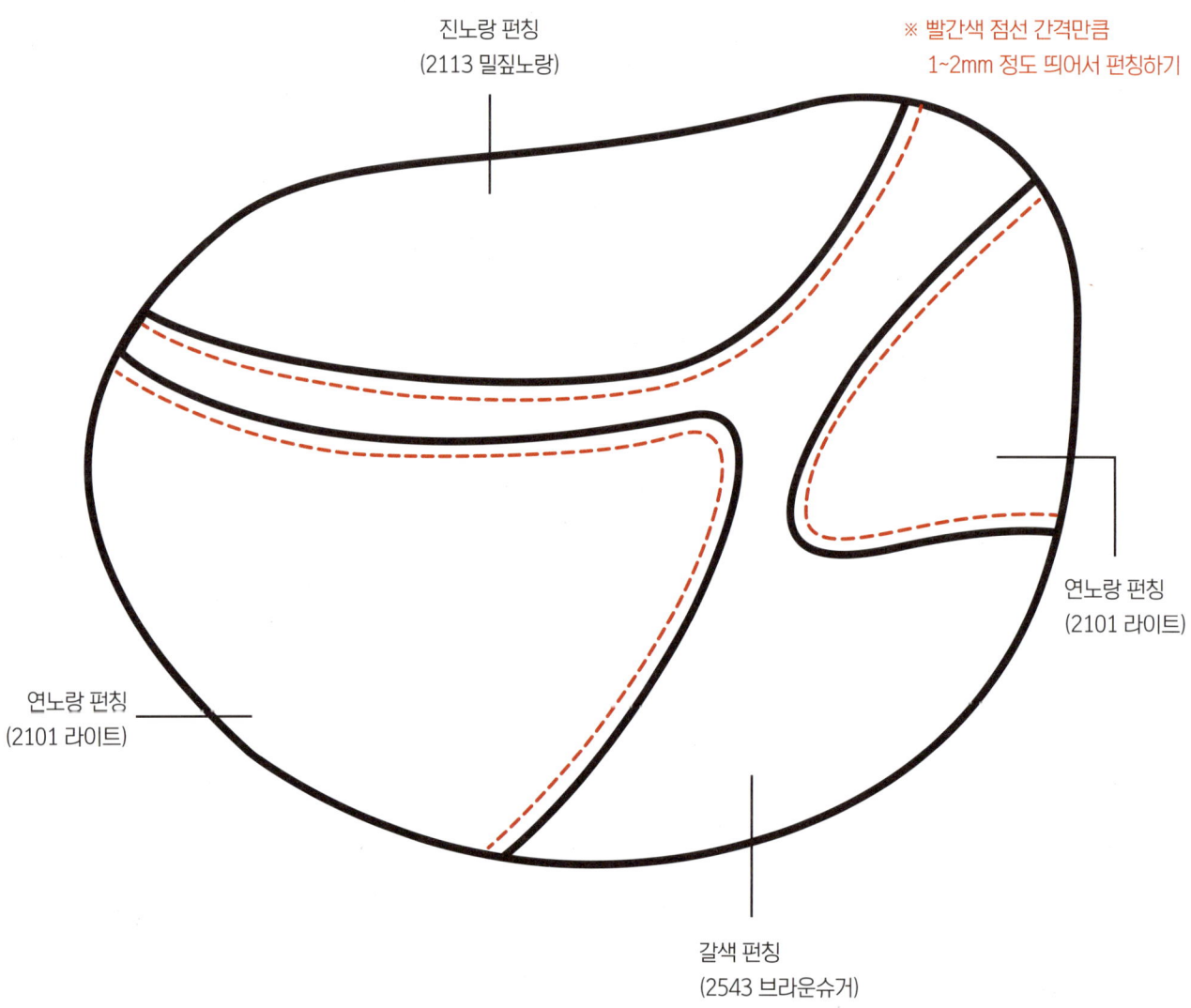

**01**

30cm 그리퍼 수틀에 몽스 원단을 고정합니다. 사방을 팽팽하게 잡아당겨 니들에 걸듯이 붙입니다.

> TIP [PART 1. 펀치니들 자수의 기초 - 수틀에 원단 고정하기 - 그리퍼 수틀(p.24)]을 참고해 원단을 고정합니다.

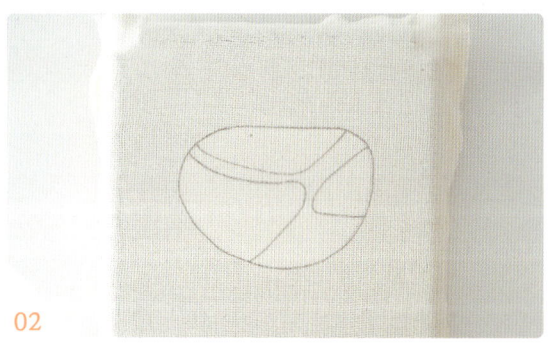

**02**

수틀 뒷면에 마스킹테이프로 도안을 붙이고, 원단에 비치는 선을 따라 앞면에 열펜으로 도안을 그립니다.

> TIP [PART 1. 펀치니들 자수의 기초 - 원단에 도안 그리기(p.29)]를 참고해 도안을 그립니다.

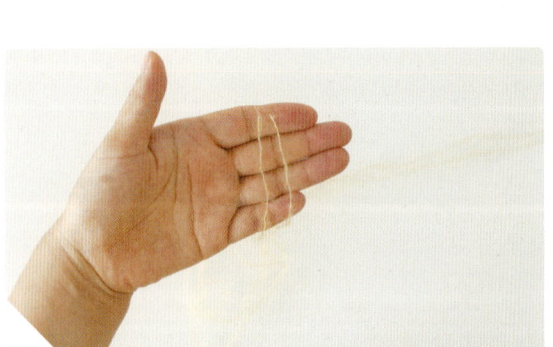

**03**

진노랑의 **2113 밀짚노랑** 모헤어 실을 안쪽에서 한 가닥, 바깥쪽에서 한 가닥씩 빼서 두 가닥을 잡습니다.

> TIP [PART 1. 펀치니들 자수의 기초 - 펀치니들에 실 합사하기 - 실 한 볼로 합사하기(p.28)]를 참고합니다.

**04**

슈지치바농 펀치니들 가는 바늘 10호에 합사한 진노랑 모헤어 실을 끼웁니다.

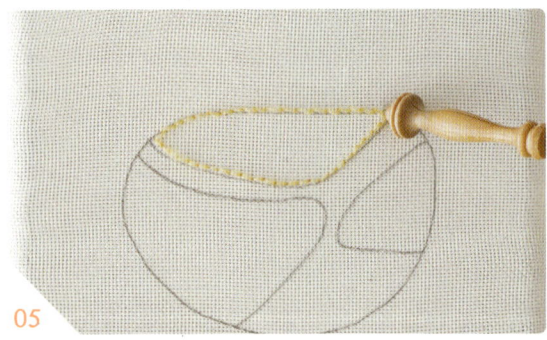

**05**

도안 위쪽의 진노랑 부분부터 특수사 펀칭 기법으로 펀칭합니다. 도안의 테두리를 따라 2~3mm 간격으로 펀칭을 시작합니다.

> TIP [PART 2. 펀치니들 자수의 스티치 종류 - 특수사를 이용한 펀칭 방법 - 모헤어(p.47)]를 참고합니다.

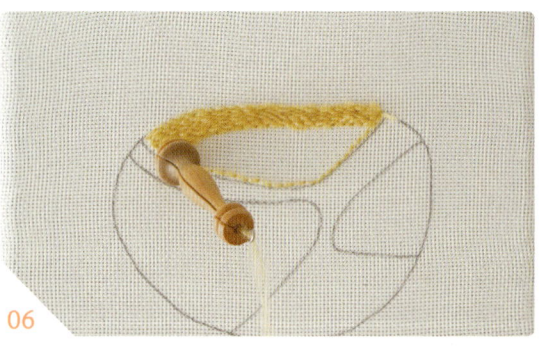

**06**

테두리의 안쪽 면을 한 줄씩 채워가며 펀칭합니다. 모헤어는 실의 굵기가 가늘기 때문에 펀칭한 줄과 다음 펀칭 줄의 간격을 좁좁하게 합니다.

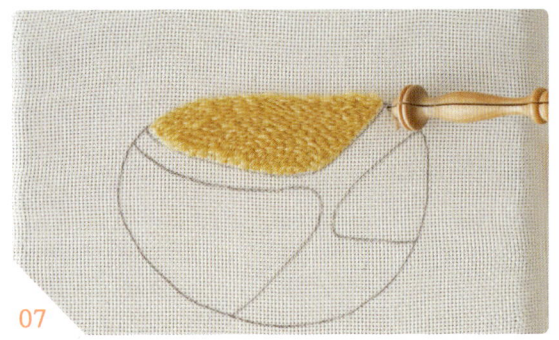

**07**

마지막까지 촘촘하게 채운 다음, 가위로 실을 잘라 마무리합니다.

**08**

수틀을 뒤집어 루프의 길이가 같은지, 빈 곳은 없는지 확인합니다.

**09**

펀치니들에 갈색의 **2543 브라운슈거** 실 두 가닥을 합사해 끼우고 갈색 부분의 테두리를 편칭합니다. 진노랑 부분과 맞닿는 부분은 1~2mm 정도 간격을 띄어 편칭합니다.

**TIP** 도안의 빨간색 점선을 참고합니다.

**10**

갈색 면의 안쪽까지 편칭한 다음, 가위로 실을 잘라 마무리합니다.

**11**

펀치니들에 연노랑의 **2101 라이트** 실 두 가닥을 합사해 끼우고 연노랑 부분의 테두리를 편칭합니다. 갈색 부분과 맞닿는 부분은 1~2mm 정도 간격을 띄어 편칭한 다음, 안쪽 면도 촘촘하게 편칭해 마무리합니다.

**12**

수틀을 뒤집어 연노랑 부분과 갈색 부분이 겹치지 않았는지 확인합니다.

68

**13**

같은 방법으로 남은 연노랑 부분도 모두 채워 완성합니다. 마지막 펀칭까지 마쳤으면 가위로 튀어나온 실을 깔끔하게 잘라 정리합니다.

**14**

수틀을 뒤집어 전체적으로 펀칭이 잘 되었는지 확인하며 실을 정리합니다.

> **TIP** [PART 2. 펀치니들 자수의 스티치 종류 – 실 정리하기 – 루프 스티치로 완성(p.49)]을 참고해 실을 정리합니다.

**15**

수틀에서 원단을 떼어낸 다음, 30cm 자를 사용해 도안에서 1.5~2cm 떨어진 곳에 점을 찍어 표시합니다.

**16**

점을 찍어 표시한 부분을 선으로 이어 시접선을 그립니다.

**17**

시접선을 따라 원단을 자릅니다.

**18**

시접에 2~3cm 간격으로 가위집을 냅니다.

19 붓을 사용해 펀칭한 플랫 면에 라텍스 본드를 골고루 바릅니다.

20 18번 과정에서 잘라둔 시접을 안쪽으로 하나씩 접어 본드를 바른 부분에 붙입니다.

21 모든 시접을 안쪽으로 접어 붙입니다.

22 붙인 시접선 외곽부터 시작해 안쪽까지 꼼꼼하게 글루건을 도포합니다.

23 글루건을 바른 면 위에 도안의 모양대로 자른 펠트지를 붙입니다.

24 글루건이 완전히 굳으면 티코스터가 완성됩니다.

화분에 디자인을 입히자.

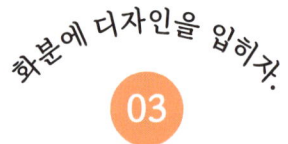

03

# 화분 커버

펀치니들 자수는 바늘의 길이를 달리하면 입체감을 살린 아이템을 만들 수 있어요. 이번에 만들어 볼 화분 커버는 루프 길이에 단차를 주어 입체감 있게 만들 거예요. 제가 사용한 색상 말고 다른 색으로 만들어도 좋아요. 나만의 색과 디자인으로 개성 있는 화분 커버를 만들어 밋밋한 화분에 예쁜 옷을 입혀주세요.

---

**준비물**
몽스 원단, 37cm 자수용 원목 수틀
산네스간 알파카울(9573 모스그린)
리네아 클리(101 백아이보리)
슈지치바농 펀치니들 가는 바늘 10호, 5호
가위, 열펜, 마스킹테이프, 30cm 자
라텍스 본드, 붓, 펠트지, 돗바늘

**기법**
루프 스티치(p.40)
감침질(p.32)

**펀칭 순서**
9573 모스그린    101 백아이보리

**마감 순서**
+ 색상 펀칭이 하나씩 끝날 때마다 실을 깔끔하게 자릅니다.
+ 도안 모양대로 펠트지를 잘라 준비합니다.
+ 펀칭한 플랫 면에 라텍스 본드를 바르고 시접과 펠트지를 붙입니다.
+ 자수를 반으로 접어 감침질합니다.

**POINT**
+ 루프 면이 완성 면이 될 때는 도안과 도안이 겹치는 부분을 1~2mm 띄어 펀칭합니다.
+ 짧은 바늘을 사용할 때는 땀과 땀 사이를 촘촘하게 펀칭합니다.

**화분 커버 도안**

P. 216

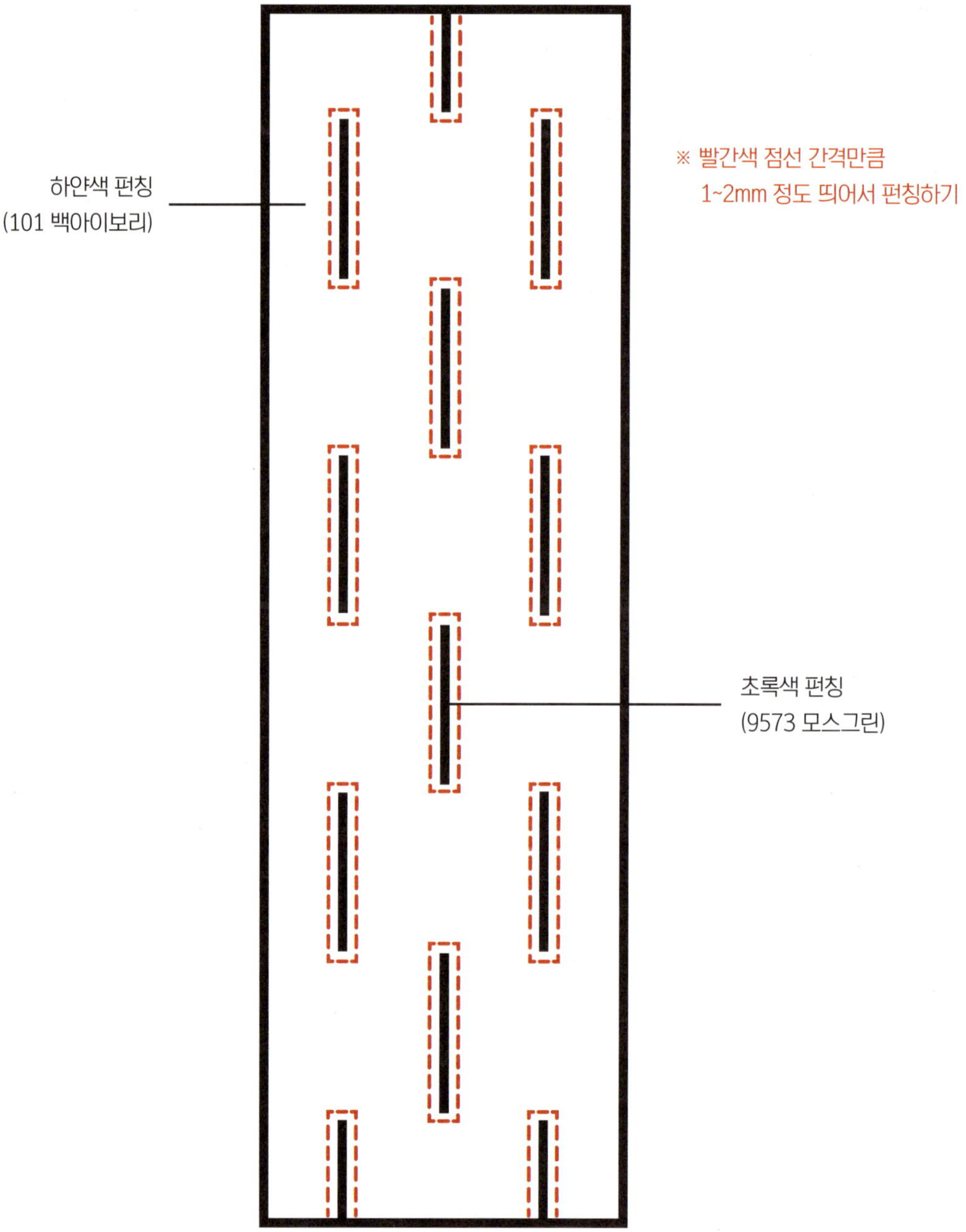

하얀색 펀칭
(101 백아이보리)

※ 빨간색 점선 간격만큼
1~2mm 정도 띄어서 펀칭하기

초록색 펀칭
(9573 모스그린)

01

37cm 자수용 원목 수틀에 몽스 원단을 끼워 고정합니다. 원단을 팽팽하게 잡아당긴 다음 수틀의 조임 나사를 꽉 조여 고정합니다.

TIP [PART 1. 펀치니들 자수의 기초 – 수틀에 원단 고정하기 – 자수용 원목 수틀(p.23)을 참고해 원단을 고정합니다.

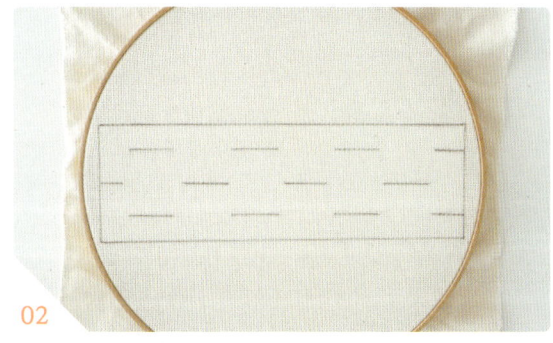

02

수틀 뒷면에 마스킹테이프로 도안을 붙이고, 원단에 비치는 선을 따라 열펜으로 도안을 그립니다.

TIP [PART 1. 펀치니들 자수의 기초 – 원단에 도안 그리기(p.29)]를 참고해 도안을 그립니다.

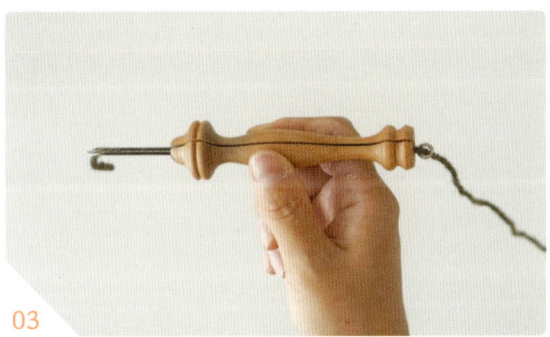

03

슈지치바농 펀치니들 가는 바늘 10호에 초록색의 **9573 모스그린** 실을 끼웁니다.

TIP [PART 1. 펀치니들 자수의 기초 – 펀치니들에 실 끼우기 – 절개형 바늘(p.26)]을 참고해 실을 끼웁니다.

04

도안 안쪽의 선을 따라 초록색 실을 3~4mm 간격으로 펀칭합니다.

TIP [PART 2. 펀치니들 자수의 스티치 종류 – 루프 스티치(p.40)]를 참고합니다.

05

세 줄에서 네 줄 정도 펀칭해 얇은 직사각형이 되도록 만든 다음 실을 자릅니다.

06

수틀을 뒤집었을 때 루프의 길이가 같도록 일정하게 펀칭합니다.

75

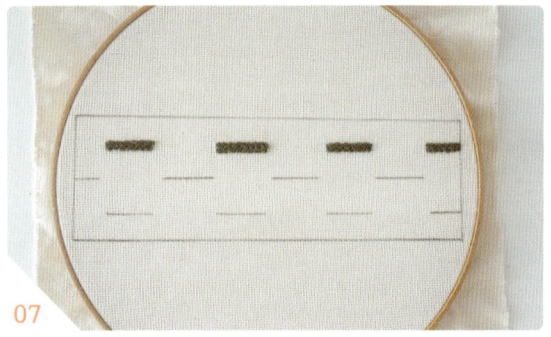

07

첫 번째 줄의 네 개의 선을 같은 방법으로 펀칭합니다. 도안의 선 하나당 서너 줄 정도씩 펀칭합니다.

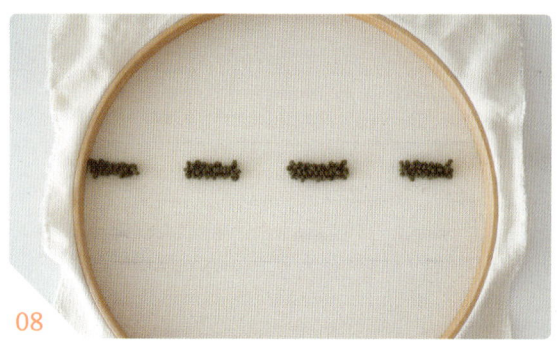

08

수틀을 뒤집어 뒷면의 루프 길이가 일정한지 확인합니다.

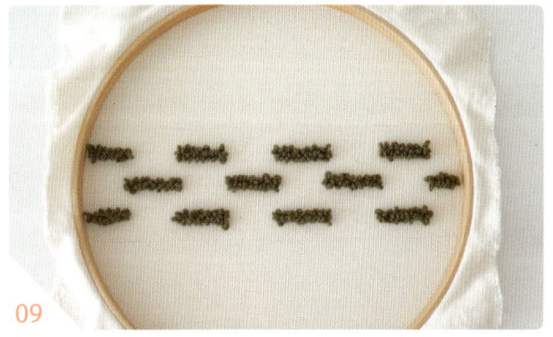

09

초록색 선을 모두 펀칭하여 마무리합니다.

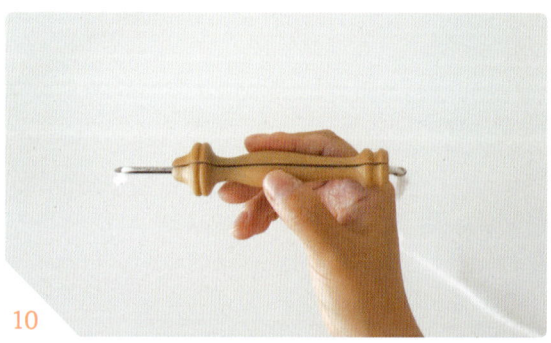

10

슈지치바농 펀치니들 가는 바늘 5호에 하얀색의 **101 백아이보리** 실을 끼웁니다.

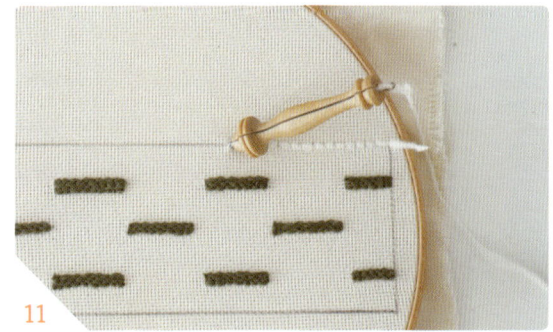

11

하얀색 실로 바깥쪽의 큰 직사각형 테두리를 3~4mm 간격으로 펀칭합니다.

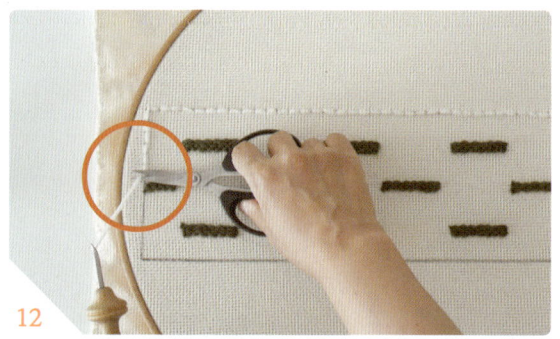

12

테두리를 펀칭하다가 초록색으로 펀칭한 부분을 만나면 가위로 자르고 이어서 펀칭합니다.

**13**

3~4mm 간격으로 테두리를 전부 다 펀칭합니다.

**14**

테두리 안쪽을 펀칭합니다. 줄과 줄 사이를 촘촘하게 펀칭하다가 초록색 부분을 만나면 1~2mm 정도 간격을 띄어 펀칭합니다.

**TIP** 도안의 빨간색 점선을 참고합니다.

**15**

수틀을 뒤집어 비어 있는 부분이 없는지 확인하고 계속 펀칭합니다.

**16**

같은 방법으로 하얀색 면을 모두 다 채운 다음, 전체적으로 펀칭이 잘 되었는지 확인하며 실을 정리합니다.

**TIP** [PART 2. 펀치니들 자수의 스티치 종류 – 실 정리하기 – 루프 스티치로 완성(p.49)]을 참고해 실을 정리합니다.

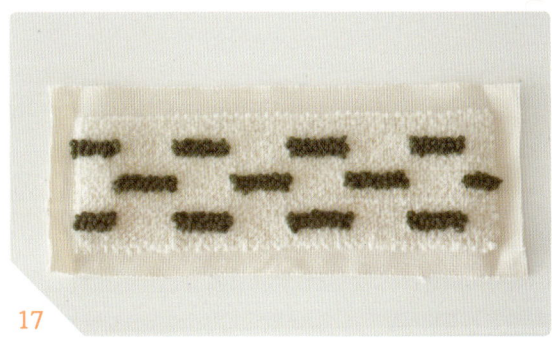

**17**

수틀에서 원단을 분리한 다음, 사방에 시접을 2~3cm 정도 두고 재단합니다.

**18**

플랫 면에 붓으로 라텍스 본드를 골고루 바릅니다.

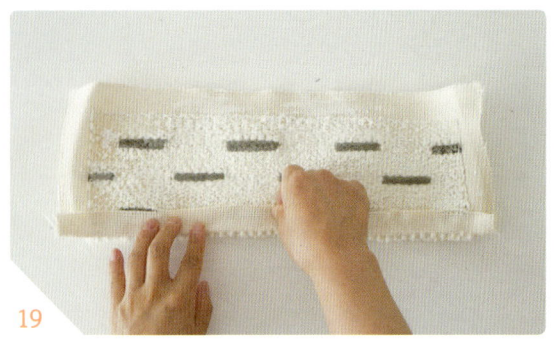

19 시접을 안쪽으로 접어 라텍스 본드를 바른 부분에 붙입니다.

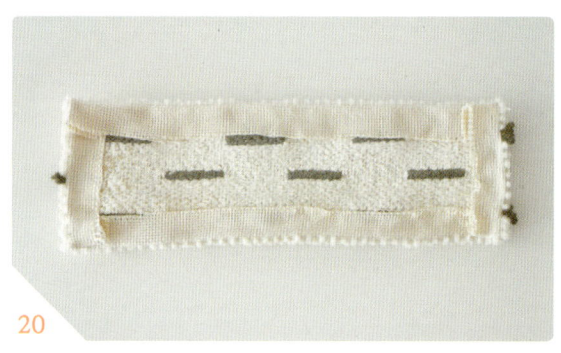

20 나머지 시접도 안쪽으로 접어 붙입니다.

21 붙인 시접과 플랫 면에 라텍스 본드를 한 번 더 골고루 바릅니다.

TIP 글루건을 바르면 굳었을 때 전체적으로 딱딱해지므로 라텍스 본드를 사용해 마감합니다.

22 라텍스 본드를 바른 면 위에 도안 모양대로 자른 펠트지를 붙입니다.

TIP 펠트지를 사용하면 지저분한 뒷면도 가릴 수 있고, 커버를 완성했을 때 모양이 탄탄하게 잡힙니다.

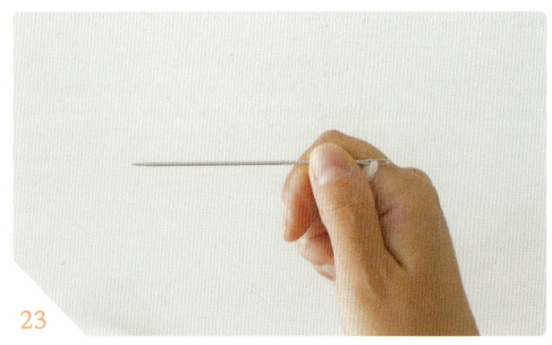

23 돗바늘에 하얀색의 **101 백아이보리** 실을 끼운 다음 끝부분에 매듭을 지어 준비합니다.

24 자수의 짧은 끝부분을 연결해 둥글게 만듭니다. 먼저 펠트지를 붙인 부분이 안쪽으로 가도록 반을 접은 다음, 매듭이 보이지 않도록 펠트지를 붙인 면에 바늘을 찔러 넣습니다.

25

윗면과 아랫면을 한 번에 잡고 실을 아래에서 위로 찔러 넣어 감침질합니다.

TIP [PART 1. 펀치니들 자수의 기초 – 펀치니들 작품을 완성하는 바느질 기법 – 감침질(p.32)]을 참고해 바느질합니다.

26

끝까지 감침질한 다음, 감침질한 면 안쪽으로 바늘을 넣어 한 땀을 뜹니다.

27

바늘을 완전히 빼내고 실을 잘라 마무리합니다.

28

빈틈없이 잘 연결되었다면 화분 커버가 완성됩니다.

## chapter 02

# 활용도 높은 펀치니들

———

펀치니들로 다양하게 활용할 수 있는 소품을 만들어요.
세상에 단 하나뿐인 키링이나 파우치, 가방 등을 만들 수 있어요.
각자 원하는 그림이 있다면
얼마든지 응용해서 나만의 작품을 만들어도 좋아요.

· 스웨터 액자
· 열쇠 모양 키링 & 테슬
· 두루마리 휴지 케이스
· 꽃병 커버
· 꽃 한 송이 지퍼 파우치
· 고양이 산책 가방

차가운 벽에 포근함을 입혀요.
01

# 스웨터 액자

펀치니들 자수에는 기본 스티치 이외에 다양한 모양의 응용 스티치가 있는데요. 응용 스티치를 사용하면 아주 근사한 자수를 놓을 수 있어요. 이번에는 세 가지 응용 스티치를 활용해 포근한 스웨터 한 벌을 만들어 볼 거예요. 액자로 걸어 두거나 선반 위에 무심하게 툭 놓아만 두어도 포근한 인테리어가 된답니다. 조금 어렵더라도 천천히 한 단계, 한 단계 따라 하다 보면 어느새 스웨터 한 벌이 만들어져 있을 거예요.

---

**준비물**
몽스 원단, 25cm 캔버스 수틀, 타카
산네스간 더블 선데이(2511 아몬드, 3553 더스티루즈,
　　　　　6051 이브닝 스카이, 8521 더스티 라이트 그린)
파인램스울(716 흰색)
슈지치바농 펀치니들 가는 바늘 10호
가위, 열펜, 수성펜, 마스킹테이프

**기법**
플랫 스티치(p.38)
새틴 스티치(p.46)
니팅 스티치(p.45)
열매 스티치(p.44)

**펀칭 순서**
8521 더스티 라이트 그린　　3553 더스티루즈　　716 흰색
6051 이브닝 스카이　　　　　2511 아몬드

**마감 순서**
+ 색상 펀칭이 하나씩 끝날 때마다 실을 깔끔하게 자릅니다.

**POINT**
+ 무늬 부분을 먼저 펀칭하고 바탕을 펀칭합니다.

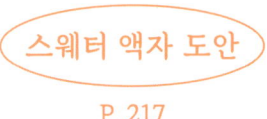

## 스웨터 액자 도안
P. 217

- 청록색 펀칭 (8521 더스티 라이트 그린)
- 하얀색 펀칭 (716 흰색)
- 아이보리색 펀칭 (2511 아몬드)
- 진분홍색 펀칭 (3553 더스티루즈)
- 하늘색 펀칭 (6051 이브닝 스카이)

**01**

25cm 캔버스 수틀에 타카로 몽스 원단을 고정합니다. 앞면을 보았을 때 팽팽하게 고정되어 있어야 합니다.

TIP [PART 1. 펀치니들 자수의 기초 – 수틀에 원단 고정하기 – 캔버스 수틀(p.25)]을 참고해 원단을 고정합니다.

**02**

수틀의 뒷면에 마스킹테이프로 도안이 앞을 향하도록 뒤집어 붙입니다.

**03**

수틀의 앞면에 비치는 선을 따라 열펜으로 도안을 그립니다.

TIP [PART 1. 펀치니들 자수의 기초 – 원단에 도안 그리기(p.29)]를 참고해 도안을 그립니다.

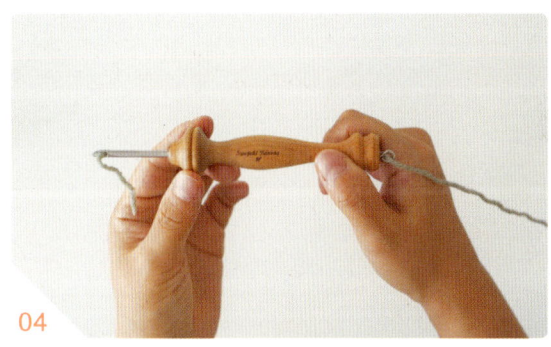

**04**

슈지치바농 펀치니들 가는 바늘 10호에 청록색의 **8521 더스티 라이트 그린** 실을 끼웁니다.

TIP [PART 1. 펀치니들 자수의 기초 – 펀치니들에 실 끼우기 – 절개형 바늘(p.26)]을 참고해 실을 끼웁니다.

**05**

니트의 첫 번째 줄무늬인 청록색 부분을 펀칭합니다. 맨 위의 선을 따라 1~2mm 정도의 간격으로 펀칭합니다.

TIP [PART 2. 펀치니들 자수의 스티치 종류 – 플랫 스티치(p.38)]를 참고합니다.

**06**

청록색 줄무늬의 테두리를 먼저 펀칭하고, 선을 따라 안쪽의 면을 채웁니다.

**07**

청록색 줄무늬를 모두 채워 마무리합니다.

**08**

펀치니들에 하늘색의 **6051 이브닝 스카이** 실을 끼우고 같은 방법으로 두 번째 줄무늬를 채웁니다. 테두리를 먼저 펀칭하고 면을 채워 마무리합니다.

**09**

펀치니들에 진분홍색의 **3553 더스티루즈** 실을 끼우고 같은 방법으로 마지막 줄무늬를 채웁니다. 이때 소매와 몸통에 있는 줄무늬는 각각 따로 펀칭하여 마무리합니다.

**10**

같은 색으로 스웨터의 맨 위에 있는 마름모꼴의 무늬를 펀칭합니다. 1~2mm 정도의 간격으로 마름모의 테두리를 먼저 펀칭하고 안쪽을 채웁니다.

**11**

마름모꼴 무늬를 모두 펀칭하여 마무리합니다.

**12**

펀치니들에 아이보리색의 **2511 아몬드** 실을 끼우고 스웨터 목의 라운드 부분을 새틴 스티치로 펀칭합니다.

> TIP [PART 2. 펀치니들 자수의 스티치 종류 - 응용 스티치 - 새틴 스티치 (p.46)]를 참고합니다.

13
한 땀을 길게 빼서 위아래로 반복하며 펀칭하는 새틴 스티치로 라운드 부분을 끝까지 펀칭합니다.

14
목 뒤의 스웨터 안쪽은 테두리를 1~2mm 정도 간격으로 펀칭합니다. 이때는 플랫 스티치로 펀칭합니다.

15
목 뒤의 스웨터 안쪽 면을 채웁니다. 플랫 스티치의 방향이 오른쪽에서 왼쪽으로 향하도록 펀칭하고 실을 잘라 마무리합니다.

16
스웨터의 소매는 **12**번 과정의 목 라운드 부분처럼 새틴 스티치로 펀칭합니다.

17
양쪽 소매와 밑단 모두 새틴 스티치로 펀칭하여 면을 채웁니다.

18
같은 색으로 이번에는 니팅 스티치 기법을 활용해 스웨터의 전체 면적을 채웁니다.

TIP [PART 2. 펀치니들 자수의 스티치 종류 – 응용 스티치 – 니팅 스티치 (p.45)]를 참고합니다.

19
왼쪽 모서리에서 시작하는 삼각형을 먼저 만들고, 왼쪽에서 오른쪽 아래로 내려왔다가 바늘을 돌려 다시 오른쪽 위로 올라가는 방법을 반복합니다.

20
청록색 줄무늬까지 니팅 스티치로 내려온 다음, 오른쪽 라인을 따라 플랫 스티치를 사용해 위로 한 땀씩 펀칭하며 올라갑니다.

21
니팅 스티치 옆으로 플랫 스티치를 세로로 세 줄 펀칭하고 마무리합니다. 이것이 니팅 스티치의 한 세트입니다.

22
한 세트가 끝났으면, 다시 위쪽부터 니팅 스티치를 시작합니다. 중간에 마름모꼴 무늬를 만나면 실을 잘라 마무리하고 다시 시작합니다.

23
마름모꼴 무늬 아래쪽에 왼쪽에서 시작하는 삼각형을 펀칭하고 니팅 스티치와 플랫 스티치를 반복하여 한 세트를 마무리합니다. 같은 방법으로 첫 번째 줄의 스웨터 바탕을 채웁니다.

24
두 번째 줄의 바탕도 니팅 스티치로 펀칭합니다. 이때 동그라미로 그린 부분은 무시하고 펀칭합니다.

**25**

같은 방법으로 나머지 스웨터 바탕을 모두 니팅 스티치로 펀칭합니다. 그다음 두 번째 줄에 수성펜으로 점을 찍어 동그라미를 펀칭할 위치를 표시합니다.

**26**

펀치니들에 진분홍색의 **3553 더스티루즈** 실을 끼웁니다. 첫 번째 점이 표시된 부분에 바늘을 넣고 실을 뒤로 빼며 열매 스티치를 시작합니다.

> **TIP** [PART 2. 펀치니들 자수의 스티치 종류 – 응용 스티치 – 열매 스티치 (p.44)]를 참고합니다.

**27**

바닥부터 세로로 동그랗게 채우고 바닥에 펀칭된 부분을 감싸는 느낌으로 가로로 펀칭합니다. 전체적으로 볼록하고 동그란 모양이 되도록 2~3회 펀칭해 열매 스티치를 마무리합니다.

**28**

점을 찍은 나머지 부분 모두 열매 스티치로 펀칭합니다.

**29**

스웨터 위쪽의 마름모꼴 무늬 위에 수성펜으로 엑스(x) 모양을 그려 아가일 패턴을 만듭니다.

**30**

펀치니들에 하얀색의 **716 흰색** 실을 끼우고, 마름모꼴 무늬 위의 엑스(x) 모양을 따라 1~2mm 정도의 간격으로 플랫 스티치합니다.

89

31
나머지 마름모꼴 무늬에도 동일하게 펀칭하여 아가일 패턴을 만듭니다.

32
수틀을 뒤집어 뒷부분에 삐져나온 실을 정리하면 스웨터 액자가 완성됩니다.

포근포근 열쇠고리,
**02**

# 열쇠 모양 키링 & 테슬

펀치니들 자수를 할 때 특수사를 적절히 사용하면 조금 더 특별한 텍스처는 물론 시각적으로도 재미있는 포인트를 줄 수 있어요. 열쇠는 딱딱하다는 생각을 바꿔서 특수사인 모헤어로 포근한 열쇠 모양의 키링을 만들어 보았어요. 여기에 테슬까지 만들어 함께 달아주면 조금 더 감각적인 액세서리가 완성된답니다.

---

### 준비물

[열쇠 모양 키링]
몽스 원단, 16cm 자수용 원목 수틀
산네스간 틴실크 모헤어(1012 네추럴, 2101 라이트)
슈지치바농 펀치니들 가는 바늘 10호
가위, 열펜, 마스킹테이프, 30cm 자, 라텍스 본드, 붓
커브 가위, 프리펠트지, 목공풀, 송곳, 열쇠고리

[테슬]
울사 자수실, 오링, 오링반지, 니퍼

### 기법

특수사(모헤어) 펀칭 기법(p.47)

### 펀칭 순서

2101 라이트            1012 네추럴

### 마감 순서

+ 라텍스 본드와 목공풀을 활용해 시접과 프리펠트지를 붙입니다.
+ 열쇠 모양 자수에 송곳으로 구멍을 뚫어 열쇠고리를 연결합니다.
+ 테슬은 따로 만들어 열쇠고리에 걸어줍니다.

### POINT

+ 특수사로 펀칭할 때는 특수사를 이용한 펀칭 방법으로 펀칭해야 실이 빠지지 않습니다.

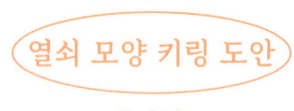
P. 218

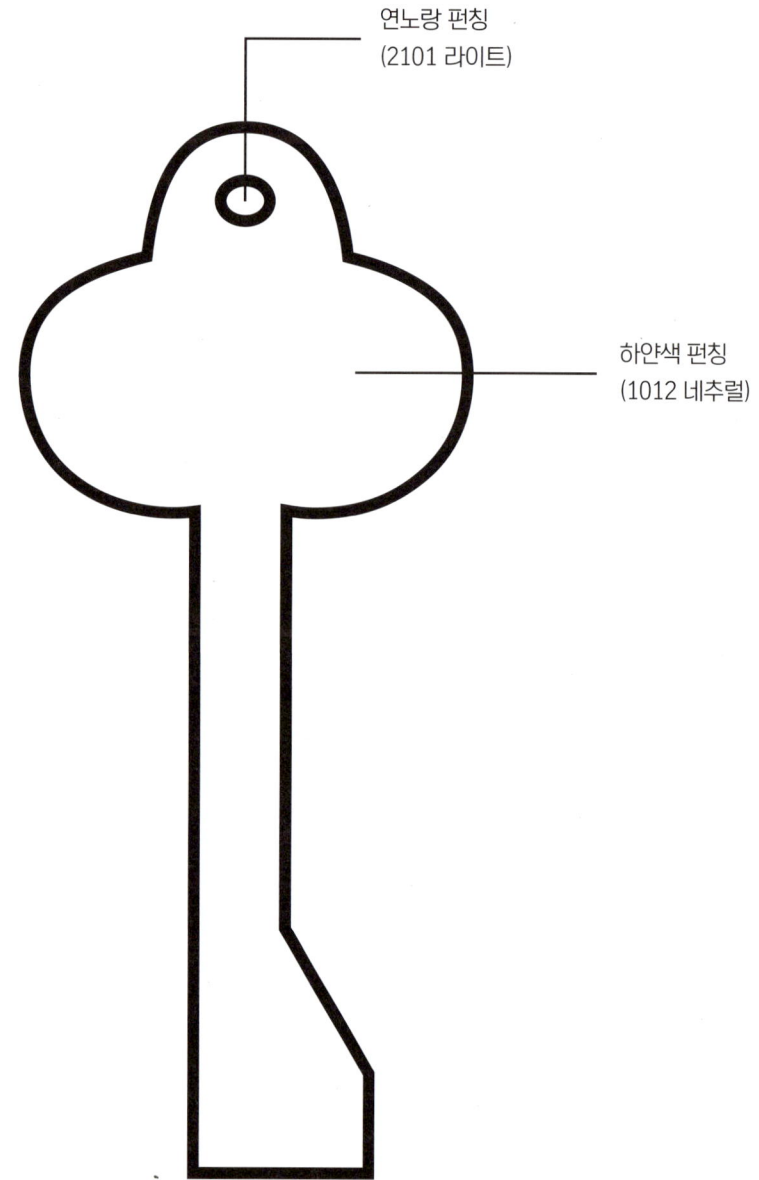

연노랑 펀칭
(2101 라이트)

하얀색 펀칭
(1012 네추럴)

## 열쇠 모양 키링

01

16cm 자수용 원목 수틀에 몽스 원단을 고정하고, 수틀 뒷면에 도안을 붙여 열펜으로 도안을 그립니다.

> TIP [PART 1. 펀치니들 자수의 기초 – 수틀에 원단 고정하기 – 자수용 원목 수틀(p.23) / 원단에 도안 그리기(p.29)]를 참고해 원단을 고정하고 도안을 그립니다.

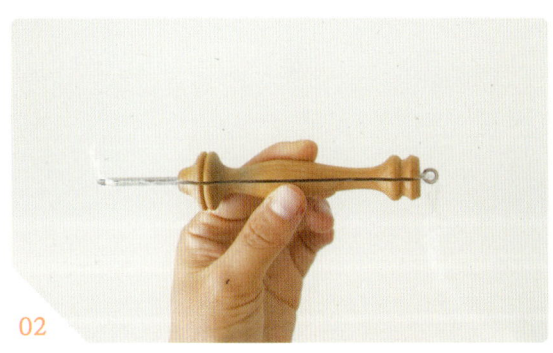

02

슈지치바농 펀치니들 가는 바늘 10호에 연노랑의 **2101 라이트** 실 두 가닥을 합사해 바늘에 끼웁니다.

> TIP [PART 1. 펀치니들 자수의 기초 – 펀치니들에 실 합사하기 – 실 한 볼로 합사하기(p.28)]를 참고해 실을 끼웁니다.

03

열쇠 구멍의 동그란 부분을 특수사 펀칭 기법으로 펀칭합니다.

> TIP [PART 2. 펀치니들 자수의 스티치 종류 – 특수사를 이용한 펀칭 방법 – 모헤어(p.47)]를 참고합니다.

04

동그라미를 펀칭한 다음, 가위로 실을 잘라 마무리합니다.

05

수틀을 뒤집어 루프의 길이가 같은지, 빈 곳은 없는지 확인합니다.

06

펀치니들에 하얀색의 **1012 네추럴** 실을 합사해 끼우고 열쇠 테두리를 특수사 펀칭 기법으로 펀칭합니다. 도안의 테두리를 따라 2~3mm 간격으로 펀칭을 시작합니다.

**07** 테두리의 안쪽 면을 조금씩 채워가며 펀칭합니다. 모헤어는 가는 실이니 펀칭한 줄과 다음 펀칭 줄의 간격을 촘촘하게 합니다.

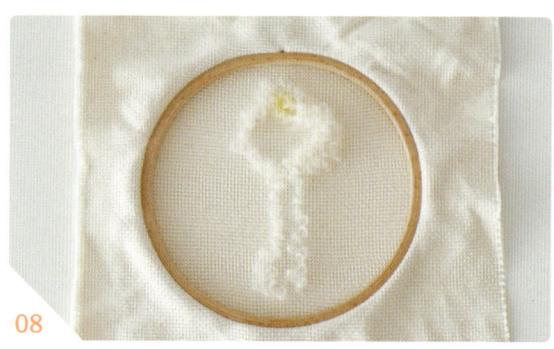

**08** 수시로 수틀을 뒤집어 루프 면이 잘 펀칭되는지 확인합니다.

**09** 안쪽의 하얀색 면을 모두 펀칭하고 마무리합니다.

**10** 수틀을 뒤집어 전체적으로 펀칭이 잘 되었는지 확인하며 실을 정리합니다.

> TIP  [PART 2. 펀치니들 자수의 스티치 종류 – 실 정리하기 – 루프 스티치로 완성(p.49)]을 참고해 실을 정리합니다.

**11** 수틀에서 원단을 분리한 다음, 플랫 면의 펀칭 부분에서 1~1.5cm 떨어진 곳에 시접선을 그립니다.

**12** 시접선을 따라 원단을 자른 뒤, 2~3cm 간격으로 가위집을 냅니다.

**13**
플랫 스티치 면에 붓을 사용해 라텍스 본드를 골고루 바릅니다.

**14**
앞서 잘라둔 시접을 하나씩 안쪽으로 접어 라텍스 본드를 바른 면에 붙입니다.

**15**
모든 시접을 안쪽으로 접어 붙인 뒤, 뒤집어서 루프 면의 모양을 확인합니다.

**16**
커브 가위를 사용해 열쇠의 곡선을 따라 자르며 모양을 다듬습니다.

**17**
열쇠의 직선 부분도 일직선으로 깔끔하게 잘라 모양을 다듬어 줍니다.

**18**
모양대로 잘 다듬었는지 확인하고 모자란 부분은 조금 더 잘라가며 정리합니다.

19

프리펠트지를 열쇠 크기로 잘라 준비합니다.

20

시접을 붙인 면(플랫 면) 가장자리에 열쇠 모양대로 목공풀을 바릅니다.

21

목공풀을 바른 면에 프리펠트지를 붙이고 열쇠 모양대로 자릅니다.

22

커브 가위를 사용해 프리펠트지도 열쇠 모양으로 다듬어 줍니다.

23

04번 과정에서 연노랑 실로 펀칭한 부분을 송곳으로 뚫어 구멍을 냅니다.

24

열쇠고리를 구멍에 연결하면 키링이 완성됩니다.

## 테슬

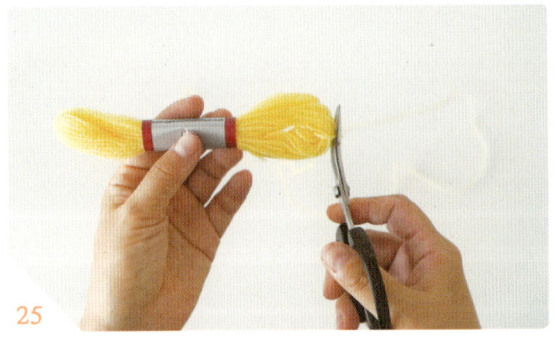

**25**
울사 자수실 뭉치에서 한 가닥을 뽑아 15cm 길이로 자른 후 다시 반으로 잘라 7.5cm 실 두 개를 만듭니다.

**26**
자른 실 중 하나를 자수실 뭉치 끝의 고리에 넣어줍니다.

**27**
고리에 넣은 실을 3~4회 정도 단단하게 묶습니다.

**28**
묶은 실을 위로 올린 다음 중간쯤에 매듭을 지어 고리를 만듭니다.

**29**
자수실 묶음의 중간에 있는 종이 띠를 묶음의 끝쪽으로 1cm 정도만 남기고 올립니다. 그다음 25번 과정에서 자르고 남은 실 하나로 경계면을 감습니다.

> **TIP** 자수실 묶음의 종이 띠를 활용하면 실을 흐트러지지 않게 잡아서 묶을 수 있습니다.

**30**
실을 10회 이상 돌돌 감아 단단하게 묶어줍니다.

31 묶고 남은 실은 가위로 잘라 정리합니다.

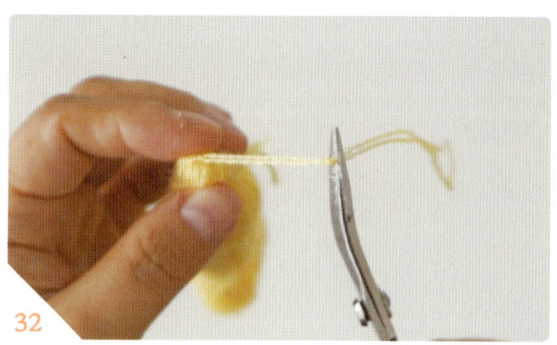

32 28번 과정에서 만든 고리의 윗부분에 남은 부분도 가위로 잘라 정리합니다.

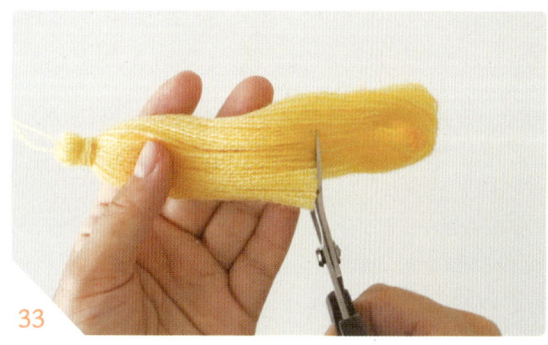

33 자수실 묶음을 원하는 길이만큼 남기고 일자로 잘라 테슬을 완성합니다.

### 열쇠 모양 키링 & 테슬

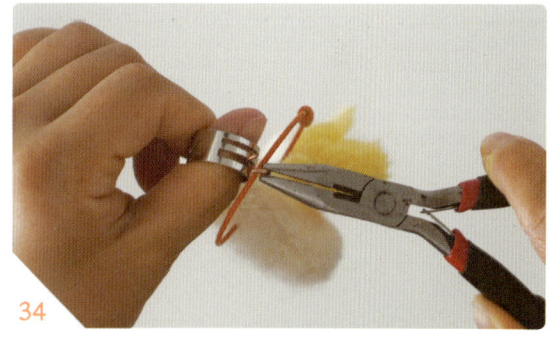

34 테슬 고리에 오링을 끼운 뒤, 왼손 엄지에 오링반지를 끼우고 오링을 반지의 틈 사이에 넣습니다. 그다음 니퍼로 오링을 잡아 비틀어 연 다음 24번 과정의 열쇠고리에 걸어줍니다.

35 니퍼를 사용해 열었던 오링을 다시 닫으면 열쇠 모양 키링 & 테슬이 완성됩니다.

사소한 것에게도 온기를,
03

# 두루마리 휴지 케이스

집안 곳곳을 살펴보면 사소한 것들에 눈이 갈 때가 있어요. 이번엔 휴지에 눈길이 갔는데요. 볼품없이 아무렇게나 놓여 있던 두루마리 휴지에 보슬보슬한 모헤어로 만든 포근한 옷을 입혀 보려고 해요. 작은 소품 하나에 따뜻한 손길을 불어 넣으면 집안이 더욱 다정해질 것 같거든요. 물론 다른 소재를 사용하여 만들어도 충분히 매력적인 아이템으로 완성될 거예요.

---

**준비물**
몽스 원단, 50cm 그리퍼 수틀
산네스간 틴실크 모헤어(3021 라이트베이지)
클리(101 백아이보리)
슈지치바농 펀치니들 가는 바늘 10호
가위, 열펜, 마스킹테이프, 30cm 자
라텍스 본드, 붓, 목공풀, 프리펠트지, 돗바늘

**기법**
특수사(모헤어) 펀칭 기법(p.47)
니팅 스티치(p.45)
감침질(p.32)

**펀칭 순서**
3021 라이트베이지   101 백아이보리

**마감 순서**
+ 도안 모양대로 프리펠트지를 잘라 준비합니다.
+ 직사각형 도안은 전체적으로 펀칭한 다음 루프 면 위에 니팅 스티치를 합니다.
+ 직사각형 도안을 반으로 접은 뒤 끝부분을 감침질해 원기둥으로 만듭니다.
+ 원기둥의 한쪽 면에 동그란 도안을 올려 바느질로 이어 붙입니다.

**POINT**
+ 루프 스티치를 먼저 하고 그 위에 니팅 스티치를 합니다.

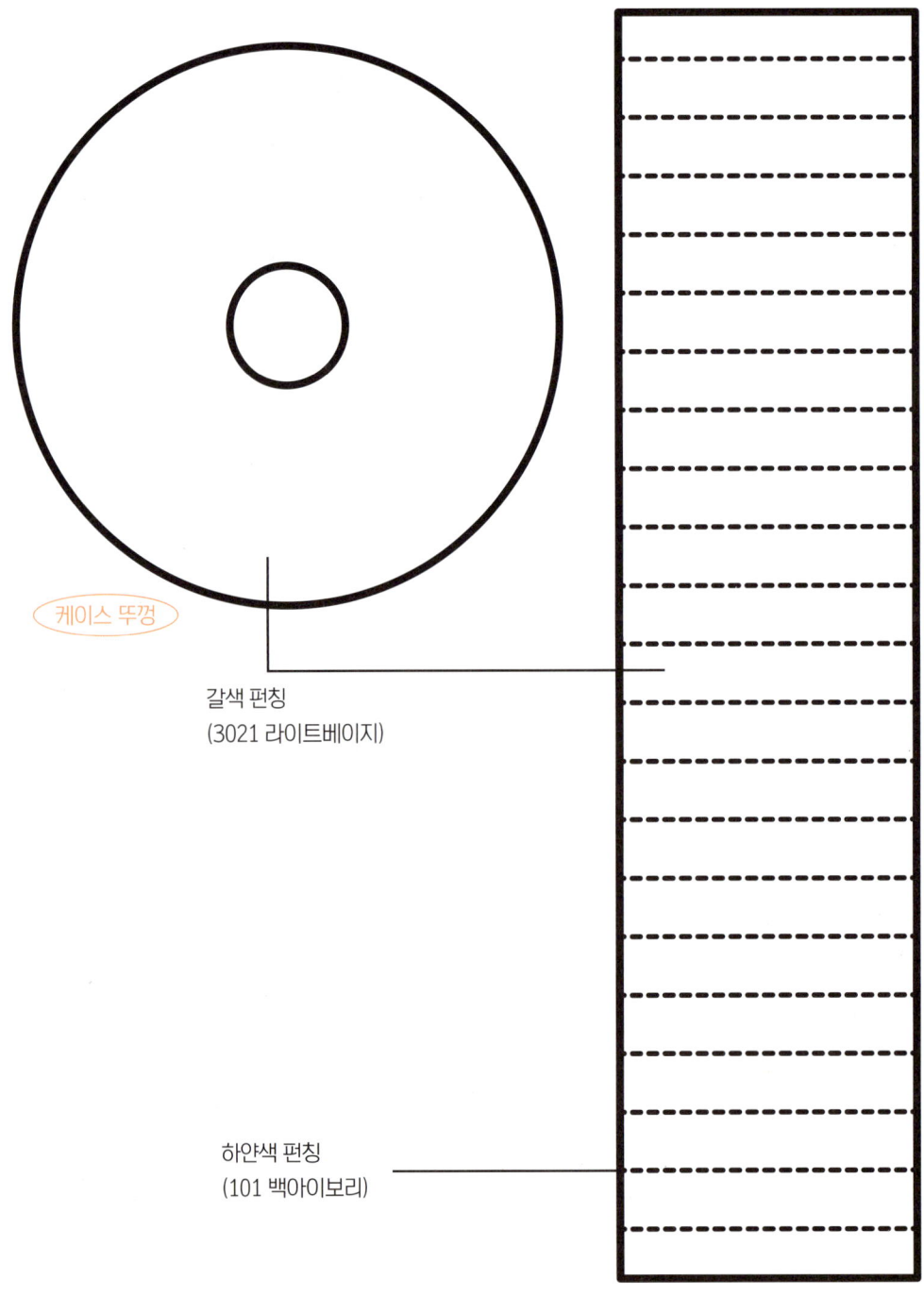

**01**

50cm 그리퍼 수틀에 몽스 원단을 고정합니다. 사방을 팽팽하게 잡아당겨 니들에 걸듯이 붙입니다.

TIP [PART 1. 펀치니들 자수의 기초 - 수틀에 원단 고정하기 - 그리퍼 수틀(p.24)]을 참고해 원단을 고정합니다.

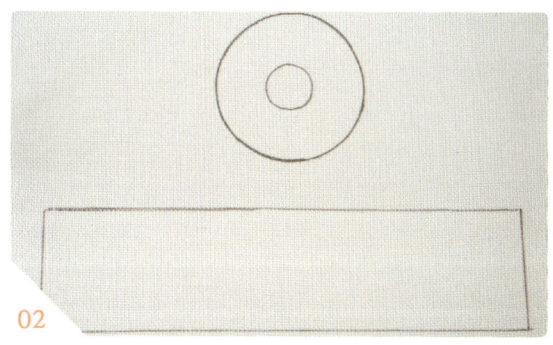

**02**

수틀 뒷면에 마스킹테이프로 도안을 붙이고 앞면에 열펜으로 도안을 그립니다. 이때 도안끼리는 서로 띄어서 그립니다.

TIP [PART 1. 펀치니들 자수의 기초 - 원단에 도안 그리기(p.29)]를 참고해 도안을 그립니다.

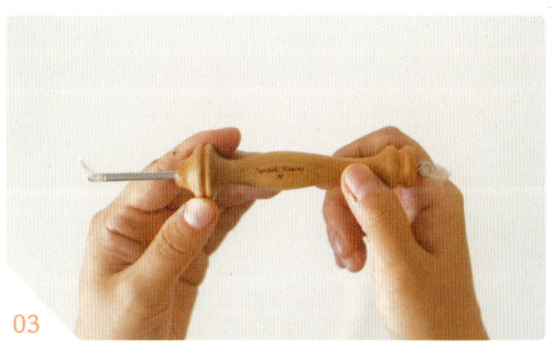

**03**

슈지치바농 펀치니들 가는 바늘 10호에 갈색의 **3021 라이트베이지** 실 두 가닥을 합사해 바늘에 끼웁니다.

TIP [PART 1. 펀치니들 자수의 기초 - 펀치니들에 실 합사하기 - 실 한 볼로 합사하기(p.28)]를 참고해 실을 끼웁니다.

**04**

케이스 뚜껑을 펀칭합니다. 동그란 뚜껑 도안의 테두리를 특수사 펀칭 기법으로 펀칭합니다. 도안의 테두리를 따라 2~3mm 간격으로 펀칭을 시작합니다.

TIP [PART 2. 펀치니들 자수의 스티치 종류 - 특수사를 이용한 펀칭 방법 - 모헤어(p.47)]를 참고합니다.

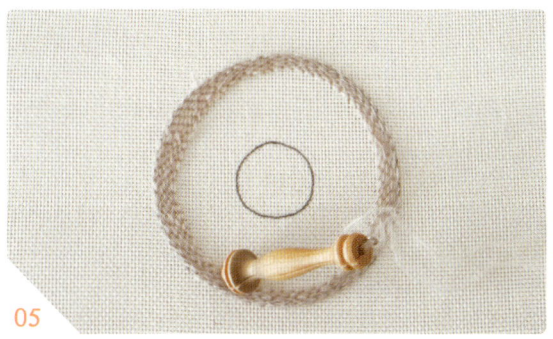

**05**

도안의 안쪽 면을 펀칭합니다. 테두리를 따라 동그란 원을 그리며 펀칭합니다.

**06**

가운데의 구멍을 남기고 모두 펀칭한 다음 실을 잘라 마무리합니다.

**07**

수틀을 뒤집어 루프의 길이가 같은지, 빈 곳은 없는지 확인하며 실을 정리합니다.

> TIP [PART 2. 펀치니들 자수의 스티치 종류 – 실 정리하기 – 루프 스티치로 완성(p.49)]을 참고해 실을 정리합니다.

**08**

직사각형의 케이스 몸통 도안을 펀칭합니다. 도안의 테두리를 특수사 펀칭 기법을 사용해 2~3mm 간격으로 펀칭합니다.

**09**

도안의 안쪽 면을 펀칭합니다. 모헤어는 실의 굵기가 가늘기 때문에 촘촘한 간격으로 펀칭하고, 중간중간 도안을 뒤집어 루프 면을 확인합니다.

**10**

도안을 모두 꼼꼼하게 펀칭했다면 수틀을 뒤집어 전체적으로 펀칭이 잘 되었는지 확인합니다.

**11**

수틀에서 원단을 떼어낸 다음 루프 면이 위로 향하도록 다시 고정합니다. 그다음 직사각형 도안의 루프 면에 3cm 간격으로 점을 찍습니다.

**12**

도안의 아래쪽에도 3cm 간격으로 점을 찍고 위아래의 점을 이어 선을 긋습니다.

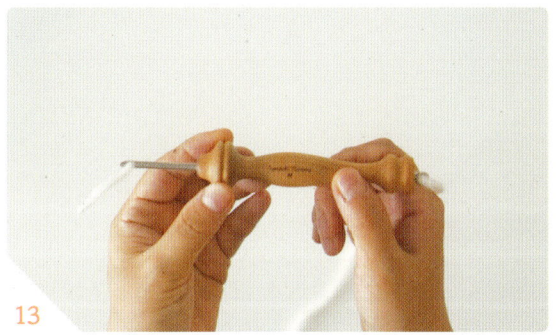

**13**

펀치니들에 하얀색의 **101 백아이보리** 실을 끼웁니다.

**14**

3cm 간격으로 그은 선을 따라 루프 면 위를 니팅 스티치로 펀칭합니다. 먼저 왼쪽에서 시작하는 삼각형을 만듭니다.

> **TIP** [PART 2. 펀치니들 자수의 스티치 종류 – 응용 스티치 – 니팅 스티치 (p.45)]를 참고합니다.

**15**

니팅 스티치로 한 줄을 펀칭한 다음 실을 잘라 마무리합니다.

> **TIP** 책에서 소개한 니팅 스티치는 원래 플랫 스티치가 두세 줄 들어가야 하지만 이 작품에서는 플랫 스티치가 없는 게 더 예뻐서 변형했습니다.

**16**

같은 방법으로 3cm 간격으로 그은 선을 모두 니팅 스티치로 펀칭합니다.

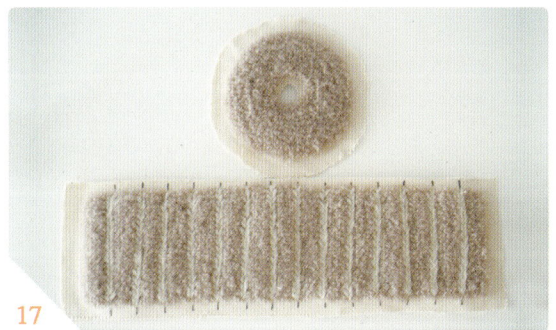

**17**

수틀에서 원단을 떼어낸 다음, 1.5~2cm 정도 떨어진 곳에 시접선을 그리고 재단합니다.

**18**

몸통의 플랫 면에 붓으로 라텍스 본드를 골고루 바릅니다.

**19** 시접을 안쪽으로 접어 붙입니다. 뚜껑을 붙일 때는 시접에 가위집을 낸 다음 라텍스 본드를 바르고 하나씩 안쪽으로 접어 붙입니다. 이때 뚜껑의 가운데도 시접에 가위집을 내고 접어 붙입니다.

**20** 몸통의 시접 가장자리에 목공풀을 바릅니다.

**21** 몸통 도안의 사이즈에 맞게 재단한 프리펠트지를 목공풀을 바른 부분 위에 붙입니다. 풀이 완전히 마를 때까지는 어느 정도 시간이 걸리므로 완전히 다 마를 때까지 기다립니다.

**22** 같은 방법으로 뚜껑에도 목공풀로 프리펠트지를 붙이고 완전히 말립니다.

**23** 돗바늘에 갈색의 **3021 라이트베이지** 실을 두 줄로 겹쳐 끼운 다음 끝부분에 매듭을 지어 준비합니다.

**24** 몸통을 프리펠트지를 붙인 부분이 안쪽으로 가도록 반을 접은 다음, 매듭이 보이지 않도록 프리펠트지를 붙인 면의 안쪽에서 바깥쪽으로 바늘을 찔러 넣습니다.

**25** 윗면과 아랫면을 한 번에 잡고 실을 아래에서 위로 찔러 넣어 감침질합니다.

**TIP** [PART 1. 펀치니들 자수의 기초 - 펀치니들 작품을 완성하는 바느질 기법 - 감침질(p.32)]을 참고합니다.

**26** 바늘을 넣었다 빼면서 끝까지 꼼꼼하게 감침질해 몸통을 연결합니다.

**27** 감침질이 모두 끝났다면 감침질한 면 안쪽으로 바늘을 넣어 한 땀을 뜹니다.

**28** 바늘을 완전히 빼내고 실을 잘라 마무리합니다.

**29** 원통형으로 만든 몸통과 뚜껑을 준비합니다.

**30** 뚜껑과 몸통을 연결합니다. 몸통의 한쪽 면에 뚜껑을 대고 위치를 잡습니다.

31

뚜껑과 몸통이 잘 연결되도록 확인하며 틀어지지 않게 감침질합니다.

32

뚜껑의 모양을 따라 한 바퀴를 돌며 끝까지 감침질합니다.

33

감침질이 모두 끝났다면 감침질한 안쪽으로 바늘을 넣어 한 땀을 뜹니다.

34

실을 잘라 마무리하면 두루마리 휴지 케이스가 완성됩니다.

유니크함을 즐겨요,

**04**

# 꽃병 커버

꽃이 있는 공간은 그 어떠한 공간보다 생기가 넘쳐요. 그래서 인테리어 소품으로 제격이지요. 비슷비슷한 꽃병이 많다면, 꽃병 커버를 만들어 옷을 입혀 보는 건 어떨까요? 흔한 유리병에 직접 만든 커버를 씌우면 세상에 단 하나뿐인 유니크한 꽃병이 완성돼요. 기본적인 펀칭 기법으로 만들지만, 유리병의 곡선을 잘 살려 입체감이 살아 있는 꽃병 커버를 만들어 보아요.

## 준비물

몽스 원단, 40cm 자수용 원목 수틀
파인램스울(702 베이지멜란지, 709 피치, 718 밤색, 727 초록멜란지, 731 노랑)
슈지치바농 펀치니들 굵은 바늘 15호, 가는 바늘 5호
가위, 열펜, 마스킹테이프, 30cm 자, 라텍스 본드, 붓
실크심지, 다리미, 글루건

## 기법

루프컷 스티치(p.41)
플랫 스티치(p.38)
루프 스티치(p.40)

## 펀칭 순서

| 727 초록멜란지 | 718 밤색 | 702 베이지멜란지 |
| 731 노랑 | 709 피치 | |

## 마감 순서

+ 도안 모양대로 실크심지를 잘라 준비합니다.
+ 꽃병 커버는 정방향으로 한 장 반전시켜 한 장, 총 두 장을 만듭니다.
+ 두 장의 꽃병 커버는 글루건을 사용해 무늬가 이어지도록 붙입니다.

## POINT

+ 루프컷 스티치를 먼저 한 다음 플랫 스티치를 합니다.
+ 플랫 스티치와 루프 스티치를 반복해서 작업하니 수틀의 앞뒤 작업 면을 확인하며 펀칭합니다.

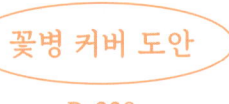

### 꽃병 커버 도안
P. 220

※ 빨간색 점선 간격만큼
1~2mm 정도 띄어서 펀칭하기

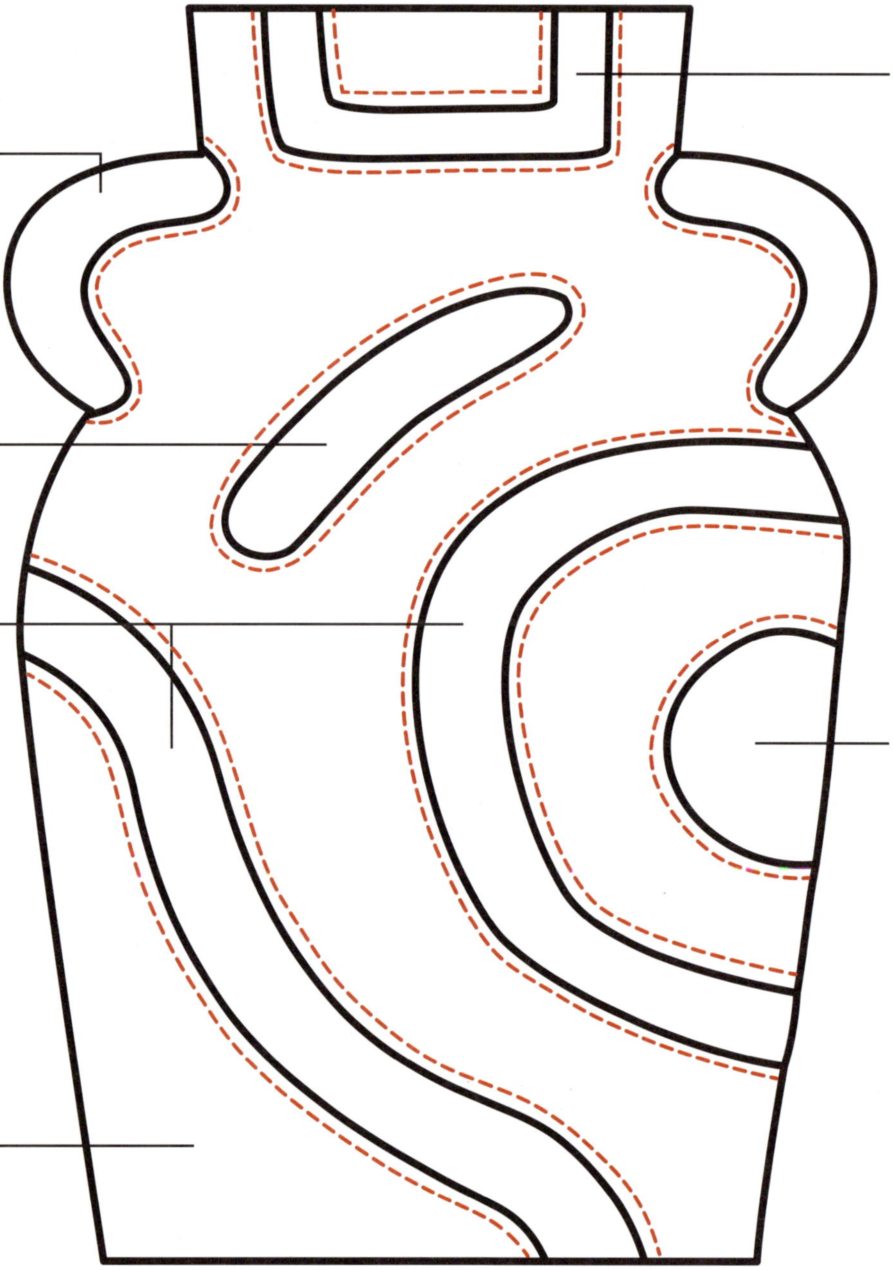

초록색 펀칭
(727 초록멜란지)

진갈색 펀칭
(718 밤색)

분홍색 펀칭
(709 피치)

노란색 펀칭
(731 노랑)

초록색 펀칭
(727 초록멜란지)

연갈색 펀칭
(702 베이지멜란지)

01

40cm 자수용 원목 수틀에 몽스 원단을 고정하고, 수틀을 뒤집어 뒷면에 도안을 그립니다.

TIP [PART 1. 펀치니들 자수의 기초 – 수틀에 원단 고정하기 – 자수용 원목 수틀(p.23) / 원단에 도안 그리기(p.29)]를 참고해 원단을 고정하고 도안을 그립니다.

02

수틀의 앞면에는 플랫 스티치할 부분을 그립니다. 뒷면에 그린 도안이 원단에 비쳐 보이니 잘 확인하고 틀어지지 않게 그립니다.

03

슈지치바농 펀치니들 굵은 바늘 15호에 초록색의 **727 초록멜란지** 실 두 가닥을 합사해 바늘에 끼웁니다.

TIP [PART 1. 펀치니들 자수의 기초 – 펀치니들에 실 합사하기 – 실 한 볼로 합사하기(p.28)]를 참고해 실을 끼웁니다.

04

수틀의 뒷면에 초록색 실로 루프컷 스티치를 할 동그란 부분을 테두리부터 펀칭합니다.

TIP [PART 2. 펀치니들 자수의 스티치 종류 – 루프컷 스티치(p.41)]를 참고합니다.

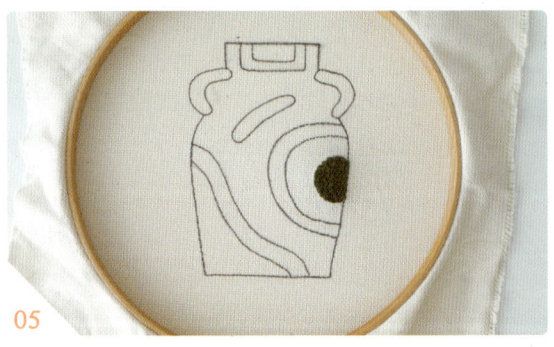

05

테두리 안쪽을 채웁니다. 루프컷 스티치를 해야 하므로 좀 좀히 펀칭합니다.

06

수틀을 뒤집어 루프 면이 보이도록 합니다.

07 가위를 사용해 실 고리를 모두 자른 뒤, 윗면을 평평하게 다듬습니다.

08 도안의 모양대로 자르며 다듬어 마무리합니다.

09 슈지치바농 펀치니들 가는 바늘 5호에 노란색의 **731 노랑** 실을 한 가닥 끼웁니다. 그다음 수틀 앞면에 플랫 스티치로 노란색이 들어갈 부분을 펀칭합니다.

TIP [PART 2. 펀치니들 자수의 스티치 종류 – 플랫 스티치(p.38)]를 참고합니다.

10 테두리부터 펀칭한 다음 안쪽을 채웁니다. 노란색이 들어가는 부분을 모두 플랫 스티치로 펀칭합니다.

11 펀치니들 굵은 바늘 15호에 초록색의 **727 초록멜란지** 실 두 가닥을 합사해 끼운 뒤, 수틀 뒷면에 루프 스티치로 초록색이 들어갈 부분을 펀칭합니다.

TIP [PART 2. 펀치니들 자수의 스티치 종류 – 루프 스티치(p.40)]를 참고합니다.

12 테두리부터 펀칭한 다음 안쪽을 채웁니다. 빈 곳이 없도록 펀칭하되 촘촘히 펀칭할 필요는 없습니다.

13

수틀을 뒤집어 빈 곳이 있는지, 루프 길이가 일정한지 확인하고 마무리합니다.

14

펀치니들 굵은 바늘 15호에 진갈색의 **718 밤색** 실 두 가닥을 합사해 끼운 뒤, 수틀 뒷면에서 루프 스티치로 펀칭합니다.

15

수틀을 뒤집어 빈 곳이 있는지, 길이가 일정한지 확인하고 마무리합니다.

16

펀치니들 굵은 바늘 15호에 분홍색의 **709 피치** 실 두 가닥을 합사해 끼운 뒤, 수틀 뒷면에서 루프 스티치로 펀칭합니다.

17

수틀을 뒤집어 빈 곳이 있는지, 길이가 일정한지 확인하고 마무리합니다.

18

펀치니들 가는 바늘 5호에 연갈색의 **702 베이지멜란지** 실을 한 가닥 끼웁니다.

117

19

도안의 바탕을 연갈색으로 펀칭합니다. 바늘의 길이가 짧으므로 촘촘히 펀칭하되, 다른 색과 맞닿는 부분은 1~2mm 정도 간격을 띄어 펀칭합니다. 테두리를 먼저 펀칭한 다음 안쪽을 채우도록 합니다.

TIP 도안의 빨간색 점선을 참고합니다.

20

노란색과 맞닿는 부분은 루프에 바늘이 걸리지 않도록 주의하면서 펀칭합니다.

21

수틀을 뒤집어 실이 루프에 걸리거나 빈 곳이 없는지 확인합니다.

22

도안 바탕의 나머지 부분도 연갈색 실로 전부 다 펀칭합니다. 그다음 수틀의 앞면에서 전체적으로 펀칭이 잘 되었는지 확인하며 실을 정리합니다.

TIP [PART 2. 펀치니들 자수의 스티치 종류 - 실 정리하기 - 플랫 스티치/루프 스티치로 완성(p.49)]을 참고해 실을 정리합니다.

23

수틀에서 원단을 분리한 다음, 1.5~2cm 정도 떨어진 곳에 시접선을 그리고 재단합니다.

24

시접에 2~3cm 간격으로 가위집을 냅니다.

25

붓을 사용해 플랫 면에 라텍스 본드를 골고루 바릅니다.

26

시접을 안쪽으로 하나씩 접어 붙입니다.

27

라텍스 본드가 마르면 도안의 모양대로 자른 실크심지를 플랫 면 위에 올리고 다림질합니다. 이때 실크심지의 까슬한 부분이 아래로 향하게 두고 중간 온도로 다림질해야 합니다.

28

똑같은 방법으로 뒷면을 하나 더 만듭니다. 이때 도안은 앞면과 반대로 그려서 펀칭해야 두 장을 연결했을 때 무늬가 자연스럽게 이어집니다.

29

원단 끝에 글루건을 바릅니다. 글루건이 마르기 전에 붙여야 하니 한꺼번에 전부 다 바르지 말고 조금씩 나눠가며 붙입니다.

30

글루건을 바른 원단을 반대쪽 원단과 이어 붙입니다. 이때 원단의 곡선을 유지하며 앞뒷면을 붙입니다.

31

앞뒷면의 무늬가 자연스럽게 이어지도록 붙입니다.

32

안쪽의 하얀색 실크심지가 보이지 않도록 곡선을 유지하며 꼼꼼히 연결합니다. 글루건이 마를 때까지는 시간이 조금 필요하니 단단히 붙을 때까지 손으로 잡고 눌러 기다립니다.

33

앞뒷면을 오차 없이 연결해 붙이면 꽃병 커버가 완성됩니다.

가방 속 작은 친구,

## 05

# 꽃 한 송이 지퍼 파우치

펀치니들 자수를 하다 보면 일상에서 소소하게 사용하는 작은 소품을 만들고 싶어져요. 단순한 도안에 다양한 소재를 믹스매치하면 나만의 특별한 소품을 만들 수 있거든요. 이번에는 지퍼가 달린 작은 파우치를 만들어 볼 건데요. 바느질이 조금 어려울 수 있지만, 차근차근 따라 하다 보면 실용적인 지퍼 파우치를 완성할 수 있어요.

## 준비물

[파우치 겉감]
몽스 원단, 30cm 그리퍼 수틀
산네스간 알파카울(4035 딥테라코타, 8082 포레스트 그린)
다루마 플로렛(미스트 화이트)
슈지치바농 펀치니들 가는 바늘 10호
가위, 열펜, 마스킹테이프, 30cm 자, 라텍스 본드, 붓, 돗바늘

[지퍼 안감]
광목 원단, 13cm 이상의 지퍼
수예용 바늘, 수예용 실, 시침핀, 재봉 클립

## 기법

루프 스티치(p.40)   감침질(p.32)
특수사(날개사) 펀칭 기법(p.48)   박음질(p.35)
　　　　　　　　　　　　　　　공그르기(p.33)

## 펀칭 순서

4035 딥테라코타　　8082 포레스트 그린　　미스트 화이트

## 마감 순서

+ 펀칭을 마친 뒤 반으로 접어 감침질로 모양을 잡아 마무리합니다.
+ 지퍼 안감을 만들고 파우치와 연결합니다.

## POINT

+ 무늬 부분을 먼저 펀칭하고 바탕을 펀칭합니다.
+ 원단에 지퍼를 달아 안감을 완성한 뒤, 펀칭된 부분과 합쳐 완성합니다.

## 꽃 한 송이 지퍼 파우치 도안
P. 221

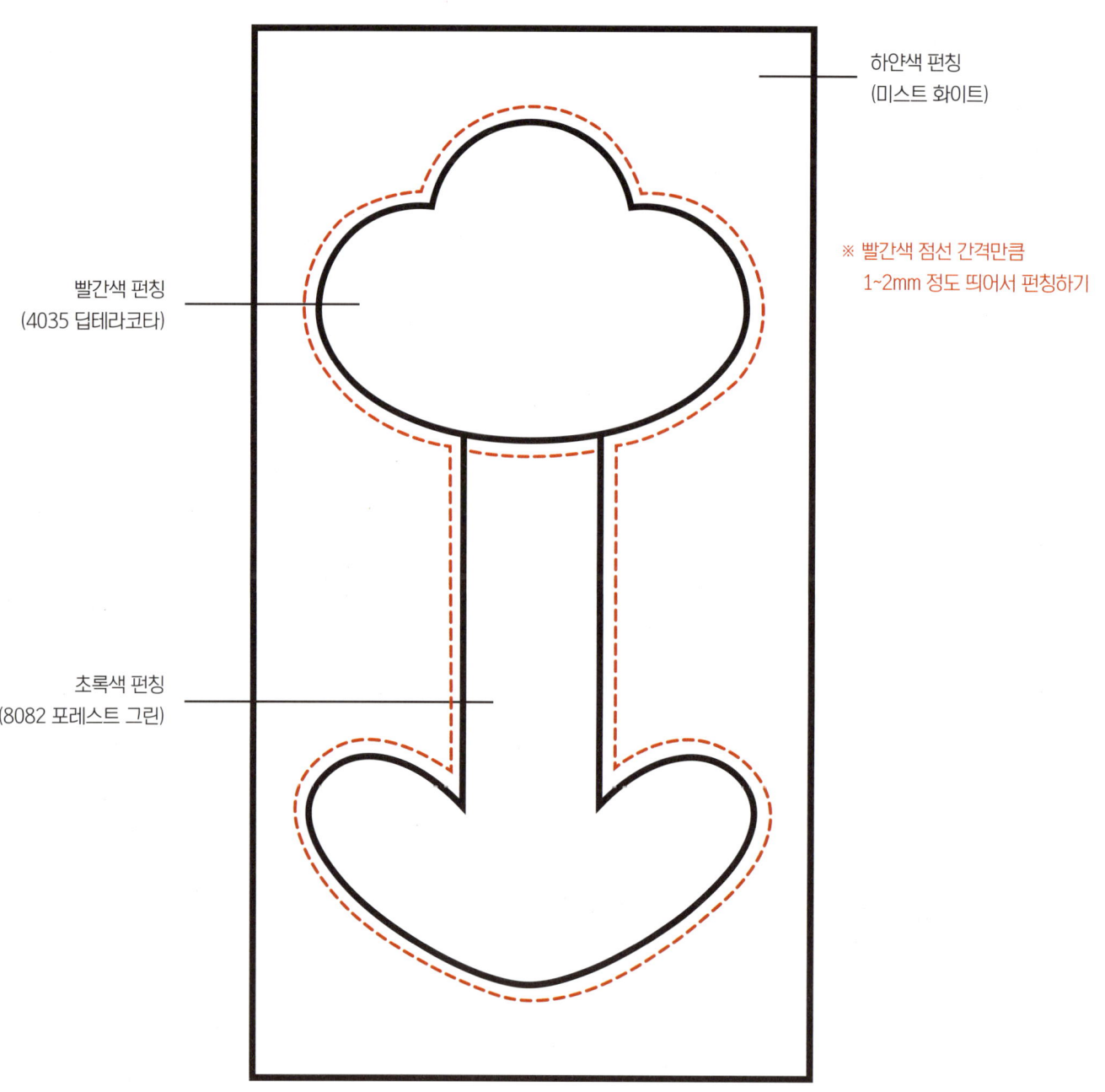

> 파우치 겉감

01

30cm 그리퍼 수틀에 몽스 원단을 팽팽하게 고정한 다음 열펜으로 도안을 그립니다.

TIP [PART 1. 펀치니들 자수의 기초 - 수틀에 원단 고정하기 - 그리퍼 수틀(p.24) / 원단에 도안 그리기(p.29)를 참고해 원단을 고정하고 도안을 그립니다.

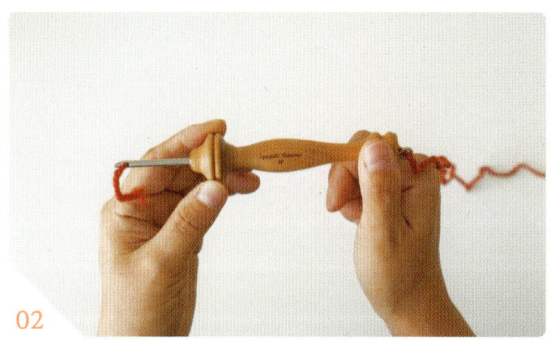

02

슈지치바농 펀치니들 가는 바늘 10호에 빨간색의 **4035 딥 테라코타** 실을 끼웁니다.

TIP [PART 1. 펀치니들 자수의 기초 - 펀치니들에 실 끼우기 - 절개형 바늘(p.26)]을 참고해 실을 끼웁니다.

03

빨간색 꽃을 루프 스티치로 펀칭합니다. 테두리를 먼저 펀칭하고 안쪽을 채워 마무리합니다.

TIP [PART 2. 펀치니들 자수의 스티치 종류 - 루프 스티치(p.40)]를 참고합니다.

04

같은 방법으로 펀치니들에 초록색의 **8082 포레스트 그린** 실을 끼운 다음, 꽃의 줄기와 잎을 펀칭합니다. 이때 빨간색과 맞닿는 부분은 1~2mm 정도 간격을 띄어 펀칭합니다.

05

펀치니들에 하얀색의 **미스트 화이트** 실을 끼워 특수사 펀칭 기법으로 바탕을 펀칭합니다. 꽃과 맞닿는 부분은 살짝 간격을 띄며 테두리를 먼저 펀칭하고 안쪽을 채웁니다. 실에 날개가 달려 있으므로 촘촘히 펀칭하지 않아도 됩니다.

TIP [PART 2. 펀치니들 자수의 스티치 종류 - 특수사를 이용한 펀칭 방법 - 날개사(p.48)]를 참고합니다.

06

수틀을 뒤집어 전체적으로 펀칭이 잘 되었는지 확인한 다음, 루프 면을 완성 면으로 하여 수틀에서 떼어냅니다.

TIP [PART 2. 펀치니들 자수의 스티치 종류 - 실 정리하기 - 루프 스티치로 완성(p.49)]을 참고해 실을 정리합니다.

**07**

도안에서 2~3cm 정도 시접을 남겨 재단한 뒤, 플랫 면에 붓으로 라텍스 본드를 골고루 바릅니다.

**08**

시접이 서로 겹치는 모서리 부분은 잘라내고 남은 시접에 가위집을 냅니다.

**09**

자른 시접을 안쪽으로 하나씩 접어 붙입니다.

**10**

도안을 반으로 접어 모양을 잡아줍니다.

TIP  플랫 면에 바른 라텍스 본드가 다 마르면 작업합니다.

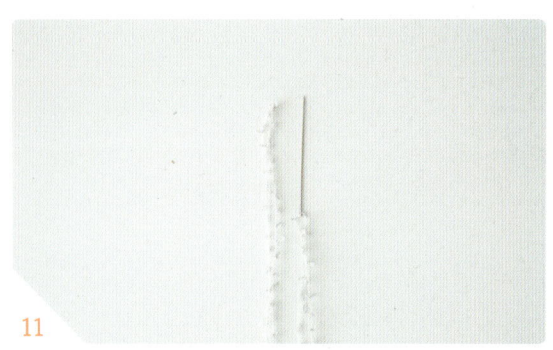

**11**

돗바늘에 하얀색의 **미스트 화이트** 실을 두 줄로 겹쳐 끼운 다음 끝부분에 매듭을 지어 준비합니다.

**12**

10번 과정에서 반으로 접은 도안의 양쪽 측면을 감침질합니다. 첫 바늘은 원단의 안쪽에서 시작해 매듭이 보이지 않도록 합니다.

TIP  [PART 1. 펀치니들 자수의 기초 - 펀치니들 작품을 완성하는 바느질 기법 - 감침질(p.32)]을 참고해 바느질합니다.

**13**
윗면과 아랫면을 한 번에 잡고 실을 아래에서 위로 찔러 넣어 감침질합니다.

**14**
한쪽 면을 끝까지 감침질했다면 감침질한 부분 안쪽으로 바늘을 넣어 한 땀을 뜬 다음 가위로 실을 잘라 마무리합니다.

**15**
도안과 도안 사이가 벌어지지 않고 단단하게 고정되어 있으면 됩니다.

**16**
12~15번 과정을 참고해 반대쪽 측면도 동일하게 감침질하여 마무리하면 파우치의 겉감이 완성됩니다.

( 지퍼 안감 )

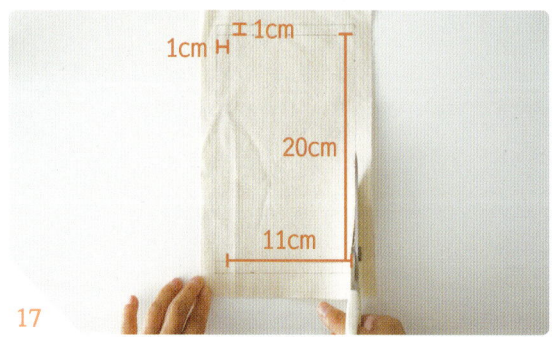

**17**
파우치의 안감을 만듭니다. 광목 원단에 가로 11cm × 세로 20cm의 직사각형을 그리고 사방으로 1cm씩 시접을 남깁니다.

**18**
시접선을 따라 재단합니다.

19

윗면의 시접 1cm를 접어서 준비합니다.

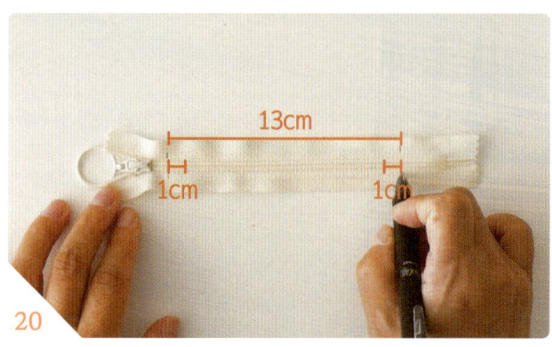

20

13cm 이상의 지퍼를 준비하고, 13cm 안쪽에 좌우로 1cm씩 시접을 표시합니다.

21

지퍼 고리를 안쪽으로 이동시킨 후, 13cm 길이에 맞게 양끝을 가위로 자릅니다.

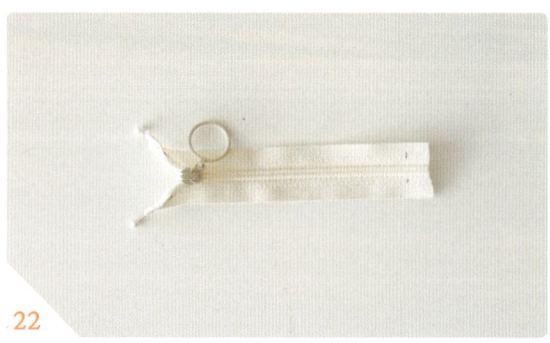

22

지퍼를 살짝 열고 끝부분의 시접을 바깥쪽으로 접어 삼각형 모양으로 만든 뒤, 시침핀으로 고정합니다.

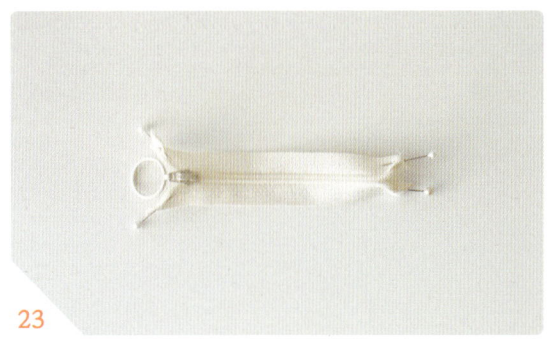

23

반대쪽 시접도 같은 방법으로 접어 시침핀으로 고정합니다.

24

수예용 바늘에 수예용 실을 끼우고 삼각형으로 접은 부분을 박음질하여 고정합니다.

> TIP [PART 1. 펀치니들 자수의 기초 - 펀치니들 작품을 완성하는 바느질 기법 - 박음질(p.35)]을 참고해 바느질합니다.

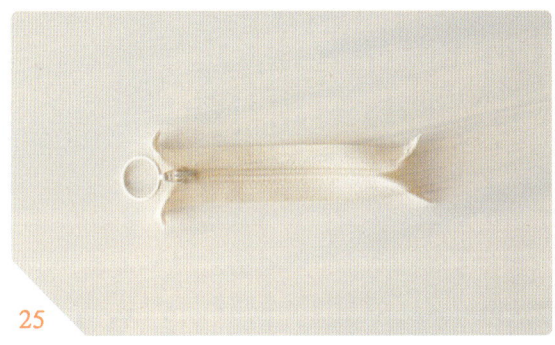

**25**
같은 방법으로 나머지 세 곳도 박음질하여 고정합니다. 사진처럼 좌우가 고정된 지퍼를 준비합니다.

**26**
19번 과정에서 접어둔 상단 시접과 지퍼의 겉면(지퍼 고리가 있는 부분)이 마주 보도록 시침핀으로 고정합니다.

**27**
지퍼를 뒤로 접어 안감과 함께 잡은 뒤 안감의 안쪽에서 바깥쪽으로 바늘을 넣어 매듭을 숨깁니다. 이때 안감은 시접이 아닌 안쪽 직사각형에서부터 바느질을 시작합니다.

**28**
안감과 지퍼를 공그르기하여 연결합니다.

> TIP [PART 1. 펀치니들 자수의 기초 - 펀치니들 작품을 완성하는 바느질 기법 - 공그르기(p.33)]를 참고해 바느질합니다.

**29**
시접을 제외한 안쪽 직사각형을 끝까지 공그르기한 다음, 매듭을 짓고 가위로 실을 잘라 마무리합니다.

**30**
안감을 뒤집어 이번에는 아래쪽 시접을 접습니다.

129

31

접은 시접에 29번 과정에서 공그르기로 마무리한 지퍼의 반대쪽을 가져와 시침핀으로 고정합니다.

32

시침핀으로 고정한 부분을 공그르기하여 마감합니다.

33

지퍼를 연결한 안감을 반으로 접고 한쪽 측면의 시접을 시침핀으로 고정합니다. 그다음 바늘에 실을 끼워 박음질합니다.

34

선을 따라 끝까지 박음질한 뒤 마무리합니다. 박음질은 0.5~1cm 간격으로 촘촘하게 합니다.

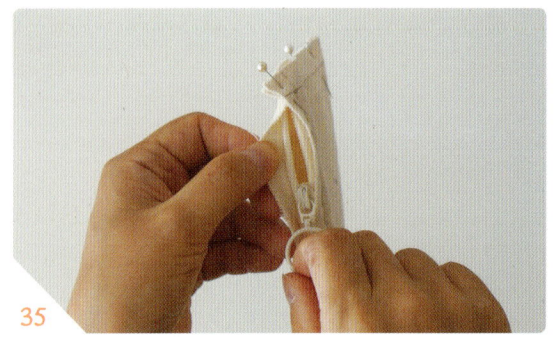

35

반대쪽 측면도 같은 방법으로 시침핀을 사용해 고정하고, 바느질할 때 바늘이 걸리지 않도록 지퍼를 조금 열어둡니다.

36

반대쪽 측면도 꼼꼼하게 박음질해서 준비합니다.

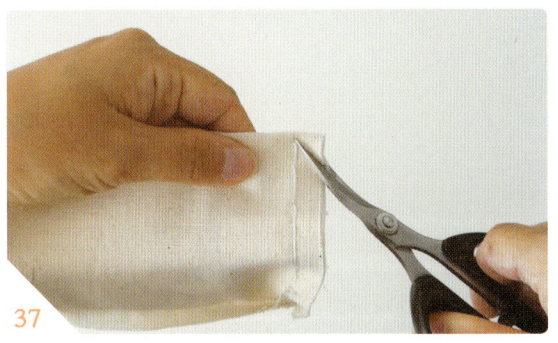
37
안감의 아래쪽 시접을 양쪽 다 사선으로 자릅니다.

38
좌우 측면과 상단의 시접을 바깥으로 벌려 접어줍니다.

### 꽃 한 송이 지퍼 파우치

39
16번 과정에서 만든 파우치 겉감에 38번 과정의 지퍼 안감을 넣습니다.

40
안감을 끝까지 넣은 뒤, 지퍼를 열고 안쪽의 모서리와 지퍼 부분의 시접을 접어 정리합니다. 그다음 재봉 클립으로 안감과 겉감을 같이 집어 고정합니다.

41
펀칭한 겉감의 상단과 안감의 지퍼 아랫부분에 바늘을 넣어 공그르기합니다.

42
반대쪽도 같은 방법으로 공그르기하여 겉감과 안감을 연결합니다.

끝까지 연결한 다음 매듭을 지어 마무리합니다. 이때 매듭을 지은 후 바늘을 겉감으로 뺀 뒤 가위로 자르면 매듭이 보이지 않아 깔끔하게 마무리할 수 있습니다.

겉감과 안감이 제대로 연결되었는지 확인합니다.

지퍼가 잘 열리고 닫히면 꽃 한 송이 지퍼 파우치가 완성됩니다.

귀여운 고양이 한 마리가 그려진,
06

# 고양이 산책 가방

가끔 귀여운 그림이 그려진 가방 하나쯤 들고 싶다는 생각이 들어요. 그래서 이번에는 특수사를 이용해 루프 스티치만으로 포근한 가방을 만들어 보았어요. 가방 손잡이를 만들어 가방과 이음매 없이 연결하고, 안감과 자석 단추를 부착하면 완성도 높은 가방이 돼요. 고양이 말고도 강아지나 곰돌이 등 원하는 그림을 넣어 개성 있고 탄탄한 가방을 만들어 보세요.

---

### 준비물

[고양이 산책 가방 겉감]
몽스 원단, 50cm 그리퍼 수틀
파인램스울(705 머스타드, 706 진빨강, 741 검정)
소노모노 알파카 부클레(150번대) 151
다루마 스프라우트(4, brown+tea)
슈지치바농 펀치니들 굵은 바늘 15호, 가는 바늘 5호
가위, 열펜, 마스킹테이프, 30cm 자, 네임펜, 목공풀
라텍스 본드, 붓, 돗바늘, 재봉 클립

[고양이 산책 가방 안감]
광목 원단, 수예용 바늘, 수예용 실, 시침핀, 자석 단추

### 기법

루프 스티치(p.40)          열매 스티치(p.44)
특수사(부클사) 펀칭 기법(p.48)   공그르기(p.33)
특수사(날개사) 펀칭 기법(p.48)   박음질(p.35)

### 펀칭 순서

705 머스타드      소노모노 알파카 부클레(150번대) 151      741 검정
706 진빨강        4, brown+tea

### 마감 순서

+ 겉감의 앞뒷면을 공그르기로 연결한 다음, 가방끈도 공그르기로 연결합니다.
+ 안감을 만들어 가방 안에 넣고 공그르기로 연결합니다.

### POINT

+ 캐릭터와 바탕 사이는 2~3mm 정도 간격을 띄어 펀칭합니다.
+ 고양이 표정과 수염 펀칭 시 실이 빠지지 않도록 주의합니다.

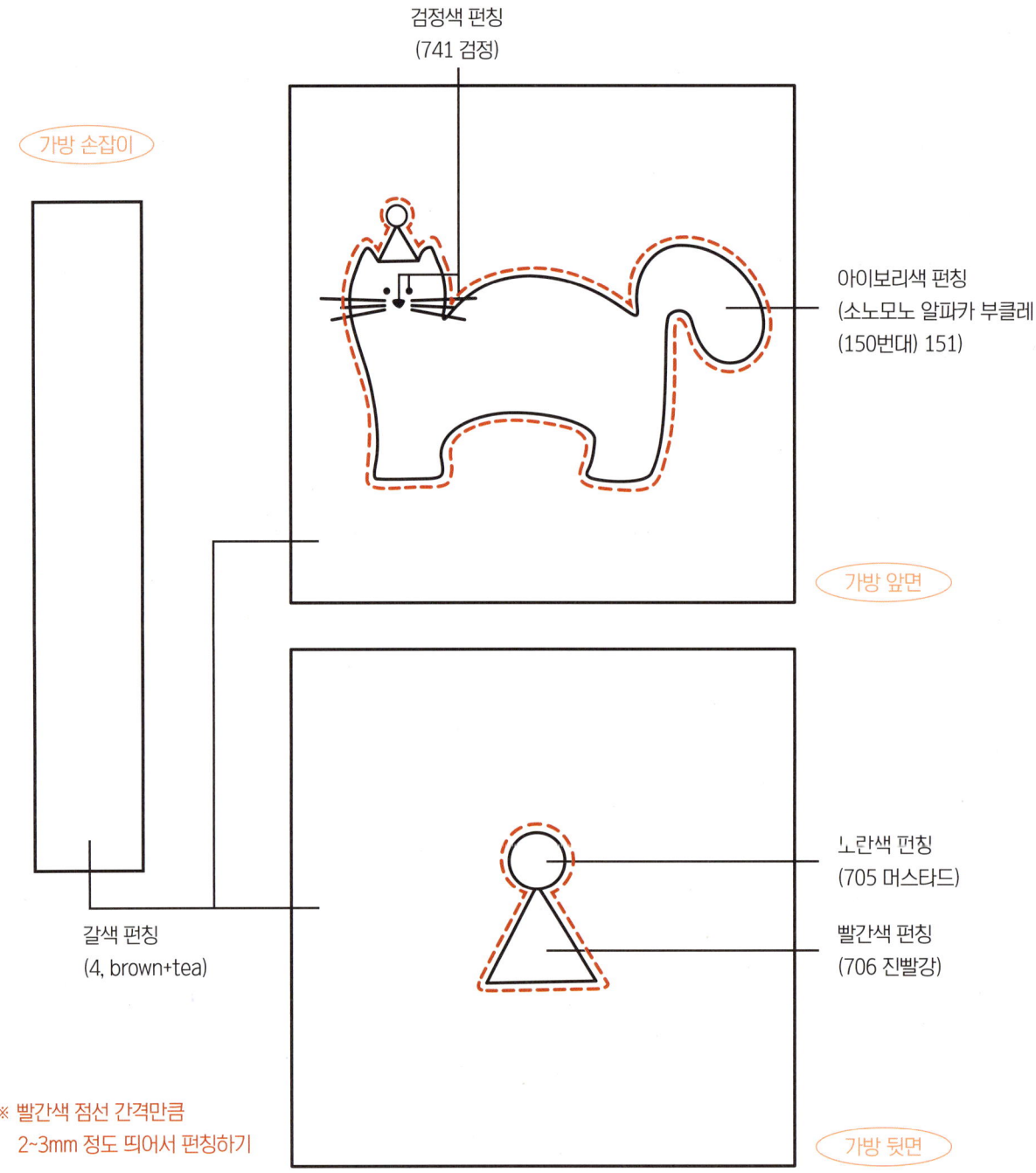

> 고양이 산책 가방 앞면

01

50cm 그리퍼 수틀에 몽스 원단을 고정하고, 수틀의 앞면에 도안을 그립니다.

**TIP** [PART 1. 펀치니들 자수의 기초 - 수틀에 원단 고정하기 - 그리퍼 수틀(p.24) / 원단에 도안 그리기(p.29)]를 참고해 원단을 고정하고 도안을 그립니다.

02

슈지치바농 펀치니들 굵은 바늘 15호에 노란색의 **705 머스타드** 실 두 가닥을 합사해 끼웁니다.

**TIP** [PART 1. 펀치니들 자수의 기초 - 펀치니들에 실 합사하기 - 실 한 볼로 합사하기(p.28)]를 참고해 실을 끼웁니다.

03

가방 앞면의 고양이 모자부터 펀칭합니다. 모자의 동그란 부분을 테두리부터 시작해 안쪽으로 둥글게 펀칭합니다.

**TIP** [PART 2. 펀치니들 자수의 스티치 종류 - 루프 스티치(p.40)]를 참고합니다.

04

펀치니들에 빨간색의 **706 진빨강** 실 두 가닥을 합사해 끼웁니다. 그다음 모자의 아래쪽 빨간 부분을 펀칭합니다.

05

펀치니들에 아이보리색의 **소노모노 알파카 부클레(150번대) 151** 실을 끼우고 고양이 도안을 펀칭합니다. 특수사 펀칭 기법을 사용해 테두리를 먼저 펀칭하고 안쪽을 채웁니다.

**TIP** [PART 2. 펀치니들 자수의 스티치 종류 - 특수사를 이용한 펀칭 방법 - 부클사(p.48)]를 참고합니다.

06

고양이를 펀칭할 때는 전체적으로 촘촘하게 펀칭하지 않아도 됩니다. 실 옆에 실이 놓인다는 느낌으로 가볍게 펀칭합니다. 안쪽을 전부 다 채웠다면 실을 잘라 마무리합니다.

**TIP** 부클사는 실에 고리가 달려 있어서 루프 면이 풍성하기 때문에 촘촘하게 펀칭하지 않아도 됩니다.

**07**

펀치니들에 갈색의 **4, brown+tea** 실을 끼우고 바탕을 펀칭합니다. 특수사 펀칭 기법을 사용해 테두리를 먼저 펀칭하고 안쪽을 채웁니다.

> TIP [PART 2. 펀치니들 자수의 스티치 종류 – 특수사를 이용한 펀칭 방법 – 날개사(p.48)]를 참고합니다.

**08**

06번 과정과 마찬가지로 실 옆에 실이 놓인다는 느낌으로 가볍게 펀칭합니다. 이때 고양이 도안과 맞닿는 부분은 2~3mm 정도 띄어 펀칭하고 바탕을 전부 다 펀칭했다면 실을 잘라 마무리합니다.

> TIP 도안의 빨간색 점선을 참고합니다.

**09**

수틀에서 원단을 떼어낸 다음 루프 면이 위로 향하도록 다시 고정합니다. 그다음 고양이 도안에 네임펜으로 고양이의 눈과 코를 표시합니다.

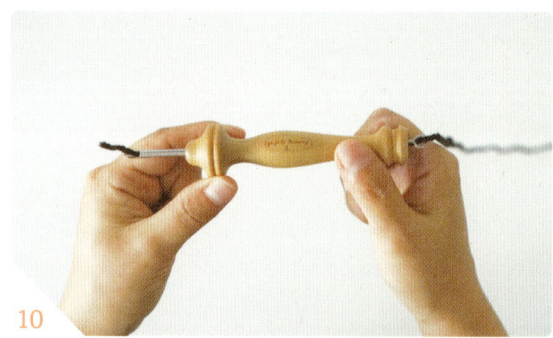

**10**

슈지치바농 펀치니들 가는 바늘 5호에 검정색의 **741 검정** 실을 끼웁니다.

**11**

고양이의 눈을 펀칭합니다. 열매 스티치를 활용해 바늘의 절개면이 위쪽을 향하게 두고 한 번 펀칭합니다.

> TIP [PART 2. 펀치니들 자수의 스티치 종류 – 응용 스티치 – 열매 스티치(p.44)]를 참고합니다.

**12**

이번에는 바늘의 절개면이 아래쪽을 향하게 두고 한 번 펀칭합니다. 11~12번 과정을 3~4회 반복합니다.

13 동그란 모양으로 눈을 펀칭했다면 가위로 잘라 마무리합니다.

14 가위 끝을 사용해서 방금 펀칭한 눈 부분의 실을 볼록하게 정리합니다. 그다음 같은 방법으로 반대쪽 눈도 만듭니다.

15 고양이 코를 펀칭합니다. 네임펜으로 표시한 코 위치에 한 번 펀칭한 다음 실을 길게 뺍니다.

16 왼손 검지손가락으로 실을 여유 있게 잡고 다시 코 부분을 펀칭합니다.

17 이번에는 반대쪽으로 실을 길게 빼 수염을 만듭니다.

18 중앙의 코 부분을 2~3회 펀칭하여 수염을 고정합니다.

19 고양이의 얼굴 크기에 맞게 양쪽 수염을 가위로 자릅니다.

20 수염에 목공풀을 살짝 바른 뒤, 수염이 다른 방향으로 향하지 않도록 위치를 잡고 말립니다.

### 고양이 산책 가방 뒷면

21 50cm 그리퍼 수틀에 몽스 원단을 고정하고, 수틀의 앞면에 가방 뒷면 도안을 그립니다.

22 펀치니들 굵은 바늘 15호에 노란색의 **705 머스타드** 실 두 가닥을 합사해 끼운 다음, 모자의 둥근 부분을 펀칭합니다.

23 펀치니들에 빨간색의 **706 진빨강** 실 두 가닥을 합사해 끼운 다음, 모자의 삼각형 부분을 펀칭합니다.

24 펀치니들에 갈색의 **4, brown+tea** 실을 끼우고 바탕을 펀칭합니다. 특수사 펀칭 기법을 사용해 테두리를 먼저 펀칭하고 안쪽을 채웁니다.

**25**

모자 그림과 바탕 사이를 2~3mm 정도 띄어 펀칭하고 바탕을 전부 다 펀칭했다면 실을 잘라 마무리합니다.

**TIP** 도안의 빨간색 점선을 참고합니다.

### 고양이 산책 가방 손잡이

**26**

원단의 남은 부분에 가방 손잡이 도안을 그립니다.

**27**

**4, brown+tea** 실로 가방 손잡이를 펀칭합니다. 테두리를 먼저 펀칭하고 안쪽을 채운 뒤 실을 잘라 마무리합니다.

### 고양이 산책 가방 겉감

**28**

수틀에서 원단을 떼어낸 다음, 가방 앞면 도안에서 2~3cm 정도 떨어진 곳에 시접선을 그리고 재단합니다.

**29**

같은 방법으로 가방 뒷면과 손잡이 도안도 시접을 남기고 재단해 준비합니다.

30 가방 앞면의 플랫 면에 붓으로 라텍스 본드를 골고루 바릅니다.

31 아래쪽 시접부터 위쪽으로 접어 붙이고, 나머지 부분도 접어 붙입니다.

32 같은 방법으로 가방 뒷면 도안의 플랫 면에도 라텍스 본드를 바르고 시접을 접어 붙입니다.

33 앞뒷면 도안의 라텍스 본드가 마르면 각 도안의 뒷면이 서로 맞닿도록 겹칩니다.

34 겹친 두 장의 도안이 움직이지 않도록 사방을 재봉 클립으로 고정합니다.

35 돗바늘에 날개 달린 특수사인 4, brown+tea 실을 끼워 끝부분에 매듭을 지어 준비합니다.

**36**

오른쪽 측면부터 가방 앞면과 뒷면을 공그르기해 연결합니다. 먼저 윗단에 바늘을 넣습니다.

> **TIP** [PART 1. 펀치니들 자수의 기초 – 펀치니들 작품을 완성하는 바느질 기법 – 공그르기(p.33)]를 참고해 바느질합니다.

**37**

윗단에 바늘을 끼운 간격만큼 아랫단에도 간격을 띄어 바늘을 넣습니다.

**38**

다시 윗단으로 올라가 아랫단에서 바늘을 끼운 간격만큼 띄어서 다시 바느질합니다.

**39**

같은 방법으로 윗단과 아랫단을 지그재그로 오가며 공그르기하여 끝까지 바느질한 뒤 매듭을 짓습니다.

**40**

왼쪽 측면도 오른쪽과 마찬가지로 윗단과 아랫단을 번갈아 가며 공그르기합니다.

**41**

끝까지 공그르기한 뒤 매듭을 2~3회 짓습니다.

42 매듭을 지었다면 바늘을 앞면의 윗부분 아무 곳에나 넣어 빼줍니다. 이렇게 매듭을 숨긴 뒤 가위로 남은 실을 잘라 마무리합니다.

43 같은 방법으로 가방의 아랫부분까지 공그르기하여 연결합니다. 이때 가방의 윗부분은 그대로 둡니다.

44 가방 손잡이 도안을 길게 반으로 접은 뒤 재봉 클립으로 고정합니다.

45 재봉 클립으로 고정한 부분을 공그르기로 연결하여 마무리합니다. 이때 손잡이의 짧은 양옆은 바느질하지 않습니다.

46 43번 과정에서 만든 가방의 몸체와 45번 과정에서 만든 손잡이를 연결합니다. 앞뒤로 연결한 가방의 이음매 부분과 손잡이의 끝부분을 연결해 잡고 공그르기합니다. 먼저 오른쪽 가방 몸체에서 손잡이 방향으로 바늘을 넣습니다.

TIP 45번 과정에서 연결하지 않은 손잡이의 양쪽 끝을 벌려 각각 가방 몸체의 앞면과 뒷면에 연결합니다.

**47**

가방 손잡이의 윗부분 안쪽으로 바늘을 집어넣습니다.

**48**

다시 가방 안쪽으로 바늘을 넣고 가방 손잡이 윗부분 안쪽으로 공그르기합니다.

**49**

가방 손잡이 아랫부분도 윗부분과 같은 방식으로 공그르기합니다. 사진에 표시한 점선의 동그라미를 참고해서 한 바퀴 돌려가며 바느질합니다.

**50**

가방 안쪽과 손잡이 위아래를 모두 꼼꼼하게 바느질하여 연결한 다음, 매듭을 짓고 가위로 잘라 마무리합니다.

**51**

같은 방법으로 가방의 왼쪽도 손잡이와 연결하여 고양이 산책 가방 겉감을 만듭니다.

> 고양이 산책 가방 안감

고양이 산책 가방의 안감을 만듭니다. 광목 원단에 가로 47cm × 세로 23.5cm의 직사각형을 그리고 사방으로 1cm씩 시접을 남겨 재단합니다.

수예용 바늘에 수예용 실을 두 가닥으로 매듭지어 준비합니다.

재단한 원단을 반으로 접은 뒤 좌우에 시침핀을 꽂아 고정합니다. 그다음 왼쪽 상단 끝부분부터 선을 따라 박음질합니다.

바늘을 0.5~1cm 간격으로 촘촘하고 일정하게 박음질합니다.

TIP [PART 1. 펀치니들 자수의 기초 – 펀치니들 작품을 완성하는 바느질 기법 – 박음질(p.35)]을 참고해 바느질합니다.

반대쪽도 동일한 방법으로 박음질하고 매듭을 지어 마무리합니다.

입구 부분의 시접 1cm를 밖으로 뒤집어 접은 다음, 양옆을 시침핀으로 고정합니다. 이때 사진과 같이 양옆의 시접을 좌우로 벌려서 고정합니다.

58
아래쪽의 시접은 양쪽 모두 사선으로 자릅니다.

### 고양이 산책 가방

59
51번 과정에서 만든 고양이 산책 가방 겉감 안쪽으로 58번 과정에서 만든 안감을 집어넣습니다.

60
안감이 틀어지지 않도록 재봉 클립으로 겉감과 안감을 고정합니다.

61
겉감과 안감의 중간 부분부터 공그르기하여 연결합니다. 입구를 따라 한 바퀴 돌려 바느질했다면 매듭을 지어 마무리합니다.

62
가방 안쪽에 자석 단추를 붙일 곳을 표시합니다.

**63** 표시한 곳에 자석 단추 하나를 올리고 바느질합니다. 먼저 안감의 상단 안쪽으로 바늘을 집어넣고 단춧구멍으로 뺍니다.

**64** 단춧구멍의 바깥에서 안쪽으로 바늘을 집어넣으며 3~4회 바느질합니다.

**65** 바늘을 오른쪽으로 빼낸 뒤, 두 번째 구멍으로 바늘을 집어넣어 3~4회 바느질하여 고정합니다. 같은 방법으로 네 구멍 모두 고정합니다.

**66** 자석 단추 하나를 모두 고정했다면 바늘을 오른쪽 안감 위쪽으로 빼낸 다음 매듭을 짓고 안쪽으로 한 땀을 뜬 뒤 가위로 잘라 마무리합니다.

**67** 나머지 자석 단추 한쪽도 위치를 맞춰 같은 방식으로 바느질하여 고정합니다.

**68** 양쪽 자석 단추가 제대로 달렸는지 확인하면 고양이 산책 가방이 완성됩니다.

## chapter 03

# 분위기를 바꾸는 펀치니들

———

내게 익숙한 공간이라도 어떤 소품을 두느냐에 따라 분위기가 달라져요.
밋밋한 벽에 포인트를 줄 수도 있고,
소파나 의자 위에 무심한 듯 툭 놓아 감성을 더할 수도 있지요.
나만의 공간을 나만의 색으로 물들여 보세요.

- 꽃 패턴 거울
- 새 패턴 쿠션
- 강아지 모양 쿠션
- 새 모빌
- 꽃 시계
- 과일 그릇 월 행잉
- 하얀 새 러그

알록달록 화려한 무늬의,
01

# 꽃 패턴 거울

하루에 거울을 몇 번 정도 보시나요? 오며 가며 수시로 보는 거울을 펀치니들 자수로 예쁘게 꾸며 보았어요. 도안의 윤곽이 잘 보이도록 플랫 스티치로 진행할 건데요. 플랫 스티치를 완성 면으로 할 때는 뒷면이 볼록하면 완성도가 떨어지니 짧고 가는 바늘을 사용하여 깔끔하게 마감하는 방법을 알려 드릴게요! 다양한 부자재를 사용하여 탁상용이나 벽걸이 거울로도 만들어 보세요.

---

### 준비물
몽스 원단, 37cm 자수용 원목 수틀
파인램스울(704 갈색, 705 머스타드, 706 진빨강, 707 다크오렌지, 709 피치,
　　　　　716 흰색, 719 진밤색, 727 초록멜란지, 730 베이지, 737 수박, 738 빨강)
슈지치바농 펀치니들 가는 바늘 3호
가위, 열펜, 마스킹테이프, 30cm 자, 라텍스 본드, 붓
글루건, 아치형 거울, 펠트지

### 기법
플랫 스티치(p.38)

### 펀칭 순서
| | | |
|---|---|---|
| 706 진빨강 | 709 피치 | 719 진밤색 |
| 707 다크오렌지 | 705 머스타드 | 737 수박 |
| 727 초록멜란지 | 730 베이지 | 716 흰색 |
| 738 빨강 | 704 갈색 | |

### 마감 순서
+ 색상 펀칭이 하나씩 끝날 때마다 실을 깔끔하게 자릅니다.
+ 도안 모양대로 펠트지를 잘라 준비합니다.
+ 시접을 접어 모양을 만든 다음 글루건을 재빠르게 도포하고 거울에 부착합니다.

### POINT
+ 무늬 부분을 먼저 펀칭한 다음 바탕을 펀칭합니다.
+ 완성 면이 플랫 스티치가 되므로 스티치 간격을 잘 맞춰 펀칭합니다.

01

37cm 자수용 원목 수틀에 몽스 원단을 고정하고, 수틀의 앞면에 도안을 그립니다.

> TIP [PART 1. 펀치니들 자수의 기초 - 수틀에 원단 고정하기 - 자수용 원목 수틀(p.23) / 원단에 도안 그리기(p.29)]를 참고해 원단을 고정하고 도안을 그립니다.

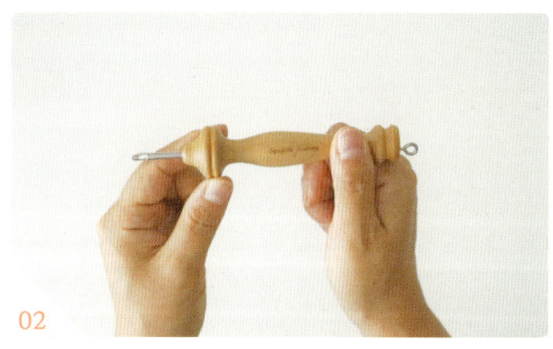

02

슈지치바농 펀치니들 가는 바늘 3호를 준비합니다. 꽃 패턴 거울은 모두 가는 바늘 3호를 사용해 만듭니다.

03

펀치니들에 진한 빨간색의 **706 진빨강** 실을 끼운 뒤, 진한 빨간색이 들어갈 부분에 펀칭합니다. 플랫 면이 완성 면이므로 스티치 간격에 유의하며 펀칭합니다.

> TIP [PART 1. 펀치니들 자수의 기초 - 펀치니들에 실 끼우기 - 절개형 바늘(p.26)]을 참고해 실을 끼웁니다.
> TIP [PART 2. 펀치니들 자수의 스티치 종류 - 플랫 스티치(p.38)]를 참고합니다.

04

펀치니들에 주황색의 **707 다크오렌지** 실을 끼워 주황색이 들어갈 부분에 펀칭합니다. 테두리를 먼저 펀칭하고 안쪽을 채웁니다.

05

펀치니들에 진한 초록색의 **727 초록멜란지** 실을 끼워 진한 초록색이 들어갈 이파리 부분에 펀칭합니다. 테두리를 먼저 펀칭하고 안쪽을 채웁니다.

06

펀치니들에 빨간색의 **738 빨강** 실을 끼워 빨간색이 들어갈 부분에 편칭합니다. 테두리를 먼저 편칭하고 안쪽을 채웁니다.

07

펀치니들에 분홍색의 **709 피치** 실을 끼워 분홍색이 들어갈 꽃잎 부분에 편칭합니다. 테두리를 먼저 편칭하고 안쪽을 채웁니다.

08

펀치니들에 노란색의 **705 머스타드** 실을 끼워 노란색이 들어갈 꽃잎 부분에 편칭합니다. 테두리를 먼저 편칭하고 안쪽을 채웁니다.

09

펀치니들에 연갈색의 **730 베이지** 실을 끼워 연갈색이 들어갈 꽃잎 부분에 편칭합니다. 테두리를 먼저 편칭하고 안쪽을 채웁니다.

10

펀치니들에 갈색의 **704 갈색** 실을 끼워 갈색이 들어갈 줄기 부분에 편칭합니다.

11

펀치니들에 진한 갈색의 **719 진밤색** 실을 끼워 진한 갈색이 들어갈 줄기 부분에 편칭합니다.

**12**

펀치니들에 초록색의 **737 수박** 실을 끼워 초록색이 들어갈 이파리 부분에 펀칭합니다. 테두리를 먼저 펀칭하고 안쪽을 채웁니다.

**13**

펀치니들에 하얀색의 **716 흰색** 실을 끼워 하얀색이 들어갈 수술 부분에 펀칭합니다.

**14**

같은 실로 하얀색의 바탕을 펀칭합니다. 스티치 간격에 유의하며 펀칭하고 한 구역이 끝나면 깔끔하게 마무리한 뒤 다음 구역을 펀칭합니다.

**15**

비어 있는 바탕 모두를 하얀색으로 펀칭해 마무리합니다.

> **TIP** [PART 2. 펀치니들 자수의 스티치 종류 – 실 정리하기 – 플랫 스티치로 완성(p.49)]을 참고해 실을 정리합니다.

**16**

수틀에서 원단을 분리한 뒤, 작품 주변에 2~3cm 정도 시접을 남기고 재단합니다. 그다음 가운데에 가위집을 내줍니다.

**17**

가위집을 낸 부분에 가위를 넣고 마찬가지로 2~3cm 정도 시접을 남기고 재단합니다.

**18**

시접에 2~3cm 간격으로 가위집을 낸 뒤, 도안을 뒤집어 루프 면에 붓으로 라텍스 본드를 바릅니다.

**19**

시접을 안쪽으로 하나씩 접어 붙입니다. 뒤집었을 때 시접이 보이지 않도록 안쪽으로 바짝 당겨 부착합니다.

**20**

시접을 붙인 부분의 테두리에 글루건을 골고루 도포합니다. 글루건은 빨리 마르니 재빠르게 도포하도록 합니다.

**21**

아치형 거울을 붙입니다. 거울 면이 작품의 앞쪽을 향하도록 뒤집어 올리고 떨어지지 않도록 꾹꾹 눌러 붙입니다.

**22**

거울 뒷면에 글루건을 바른 뒤 도안 크기에 맞게 잘라둔 펠트지를 올립니다.

**23**

펠트지를 깔끔하게 붙이면 꽃 패턴 거울이 완성됩니다. 기호에 따라 바닥에 세울 수 있는 탁상용 거치대의 뒷면을 붙여도 좋습니다.

분위기를 바꿔줄 홈 스타일링 아이템,

02

# 새 패턴 쿠션

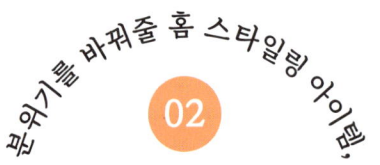

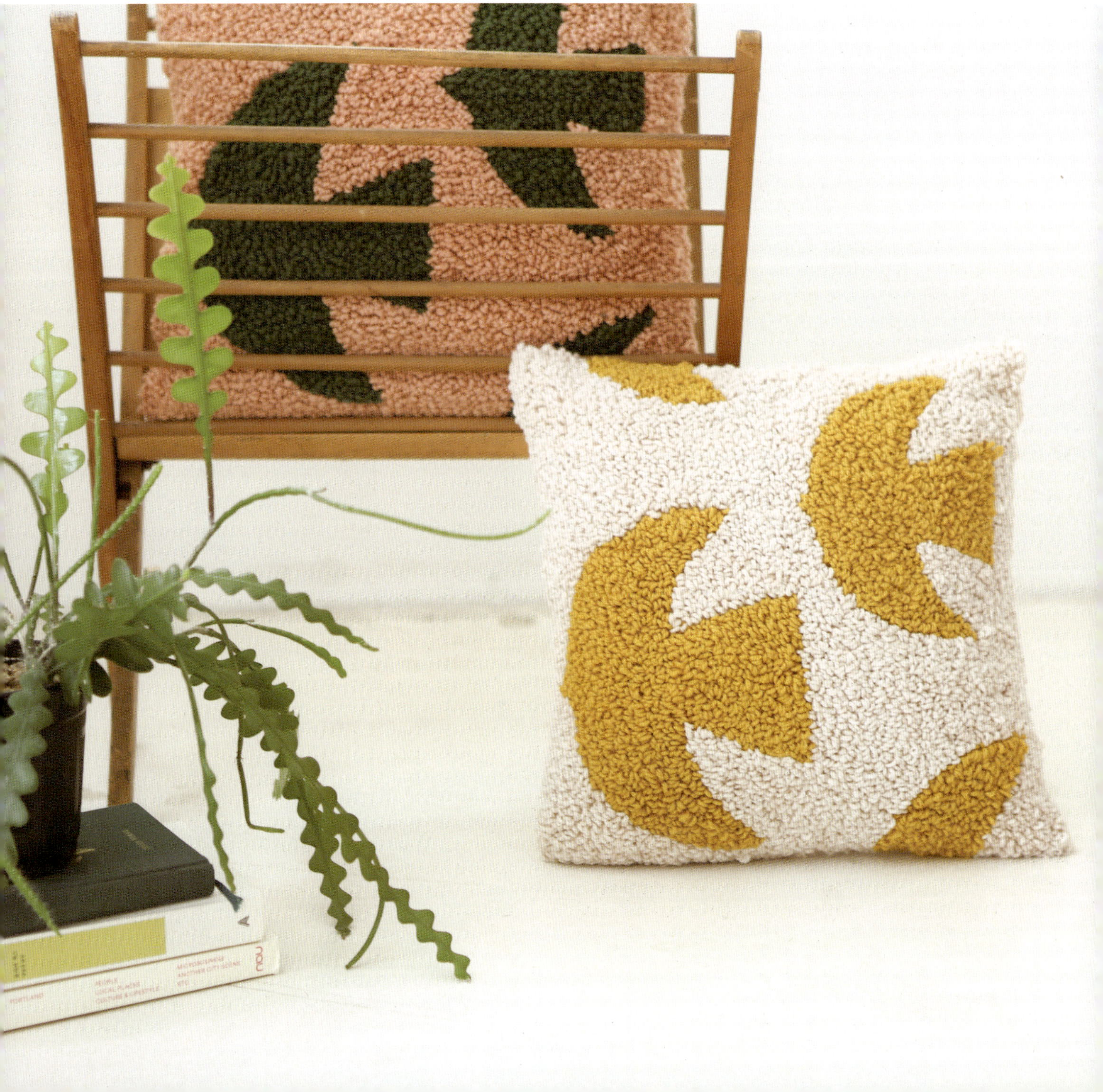

집안의 분위기를 쉽게 바꾸려면 소파에 새로운 스타일의 쿠션을 올려 보세요. 노란색의 큼지막한 새가 수놓인 쿠션은 집안 분위기를 완전히 바꿀 거예요. 쿠션의 뒷면에 지퍼를 달아 더욱 실용적인 쿠션으로 만들었는데요. 다양한 색상으로 만들어서 여러 개를 두면 더욱 포근할 거예요.

---

### 준비물

[새 패턴 쿠션 앞면]
몽스 원단, 50cm 그리퍼 수틀
파인램스울(702 베이지멜란지, 731 노랑)
슈지치바농 펀치니들 가는 바늘 10호
가위, 열펜, 마스킹테이프, 30cm 자, 실크심지, 다리미
수예용 바늘, 수예용 실, 재봉 클립

[쿠션 뒷면]
광목 원단, 40cm 이상의 지퍼, 지퍼고리, 시침핀, 쿠션 솜

### 기법

루프 스티치(p.40)
감침질(p.32)
홈질(p.34)
공그르기(p.33)

### 펀칭 순서

731 노랑　　　　　　702 베이지멜란지

### 마감 순서

+ 펀칭 후 실크심지를 부착하고 시접을 남긴 뒤 재단합니다.
+ 시접을 안쪽으로 접어 펀칭한 원단에 부착하고 감침질하여 마감합니다.
+ 쿠션 뒷면을 만들고 앞면과 공그르기로 연결합니다.

### POINT

+ 무늬 부분을 먼저 펀칭하고 바탕을 펀칭합니다.
+ 바탕을 펀칭할 때는 무늬와 조금 띄어 펀칭합니다.
+ 실크심지를 부착할 때는 까슬한 면이 아래로 가도록 두고 다림질합니다.

### 새 패턴 쿠션 앞면

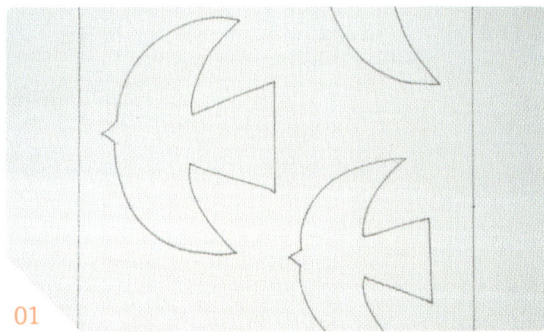

01

50cm 그리퍼 수틀에 몽스 원단을 고정하고, 수틀의 앞면에 도안을 그립니다.

**TIP** [PART 1. 펀치니들 자수의 기초 - 수틀에 원단 고정하기 - 그리퍼 수틀(p.24) / 원단에 도안 그리기(p.29)]를 참고해 원단을 고정하고 도안을 그립니다.

02

슈지치바농 펀치니들 가는 바늘 10호에 노란색의 **731 노랑** 실을 끼워 새 도안부터 펀칭합니다. 테두리를 먼저 펀칭하고 안쪽을 채우는데, 안쪽을 펀칭할 때는 도안의 선을 따라 가로나 세로 방향으로 펀칭하면 편리합니다.

**TIP** [PART 1. 펀치니들 자수의 기초 - 펀치니들에 실 끼우기 - 절개형 바늘(p.26)]을 참고해 실을 끼웁니다.
**TIP** [PART 2. 펀치니들 자수의 스티치 종류 - 루프 스티치(p.40)]를 참고합니다.

03

새 도안을 안쪽까지 꼼꼼하게 채웁니다. 완성 면이 루프 면이므로 고리가 일정하게 생기도록 중간중간 뒷면을 확인하면서 펀칭합니다.

04

같은 방법으로 새 패턴을 모두 노란색으로 펀칭합니다.

05 펀치니들에 연갈색의 **702 베이지멜란지** 실을 끼워 바탕을 펀칭합니다. 테두리를 먼저 펀칭하는데 새 도안과 맞닿는 부분은 1~2mm 정도 간격을 두고 펀칭합니다.

**TIP** 도안의 빨간색 점선을 참고합니다.

06 바탕 안쪽을 펀칭합니다. 바탕을 펀칭할 때도 가로나 세로 방향을 정해서 펀칭하는 것이 좋습니다.

07 같은 방법으로 바탕을 모두 펀칭합니다.

08 수틀에서 원단을 분리한 뒤, 플랫 면 위에 실크심지의 까슬한 면이 아래로 향하도록 올립니다.

09 실크심지 위를 다림질합니다. 중간 온도로 꾹꾹 눌러 시접 바깥까지 꼼꼼하게 다립니다.

10 작품 주변에서 2~3cm 정도 떨어진 곳에 시접선을 표시한 뒤 원단과 함께 가위로 재단합니다.

**11**

작품을 뒤집어 루프 면에 펀칭이 잘 되었는지 확인하며 실을 정리합니다.

> **TIP** [PART 2. 펀치니들 자수의 스티치 종류 – 실 정리하기 – 루프 스티치로 완성(p.49)]을 참고해 실을 정리합니다.

**12**

다시 작품을 뒤집고 아래쪽의 시접을 위로 접어 올려 재봉 클립으로 고정합니다.

**13**

수예용 바늘에 수예용 실을 끼운 다음 끝부분에 매듭을 지어 준비합니다.

**14**

재봉 클립으로 접은 시접을 감침질하여 고정합니다. 먼저 시접의 안쪽에서 바깥쪽으로 수예용 바늘을 넣습니다.

> **TIP** [PART 1. 펀치니들 자수의 기초 – 펀치니들 작품을 완성하는 바느질 기법 – 감침질(p.32)]을 참고해 바느질합니다.

**15**

2~3cm 정도 떨어진 곳에 수예용 바늘을 두고, 안쪽 원단에 통과시킨 다음 원단 쪽으로 바늘을 빼줍니다.

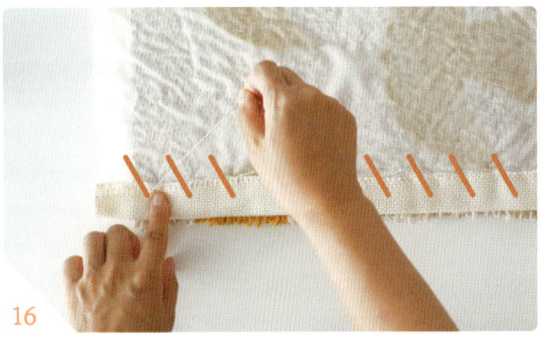

**16**

사진을 참고해 시접이 겹치지 않는 부분까지 3~4cm 간격으로 넓게 감침질합니다.

17

작품을 왼쪽으로 돌린 다음 아래쪽 시접을 위로 접어 재봉 클립으로 고정합니다. 시접이 겹치는 부분은 사진과 같이 사선으로 접고, 시접이 겹치는 부분 안쪽으로 바늘을 넣어 감침질을 시작합니다.

18

사선으로 접은 시접을 먼저 감침질한 다음 옆으로 이동해 15~16번 과정을 참고하며 재봉 클립으로 고정한 부분을 감침질합니다.

19

같은 방법으로 사방의 시접을 안쪽으로 접어 감침질합니다.

20

작품을 뒤집어 루프 면의 가장자리가 일직선으로 고르게 바느질되었는지 확인합니다.

쿠션 뒷면

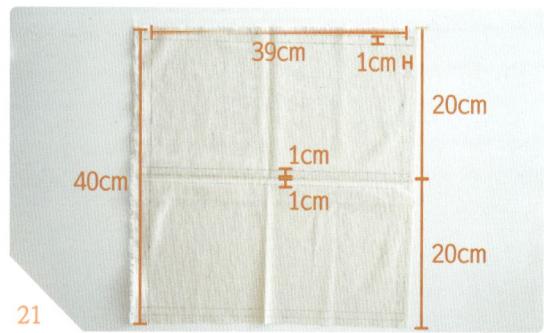

21

광목 원단에 가로 39cm × 세로 40cm의 사각형을 그리고 사방에 안쪽으로 1cm씩 시접을 표시합니다. 그다음 중앙을 이등분해 가로로 선을 긋고 중앙선을 기준으로 위아래에 시접을 1cm씩 표시합니다.

22

시접의 가장 바깥쪽 선을 따라 사방을 가위로 자릅니다.

**23**

중앙의 선을 따라 가위로 재단해 광목 원단을 두 장으로 나눕니다.

**24**

지퍼를 광목 원단의 가로 길이에 맞춰 39cm로 잘라 준비합니다.

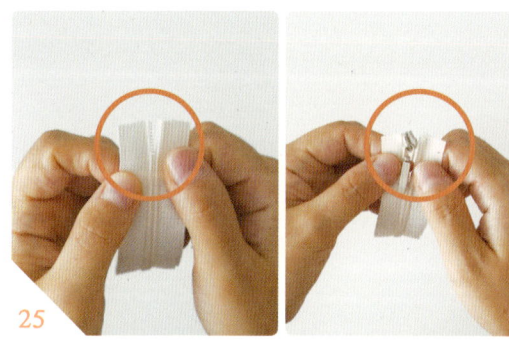

**25**

지퍼의 끝부분을 살짝 벌리고 왼쪽 지퍼부터 지퍼 고리의 앞부분에 끼웁니다.

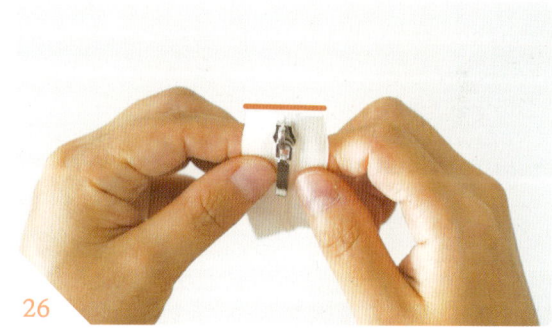

**26**

오른쪽 지퍼의 끝부분도 지퍼 고리에 끼웁니다. 그다음 지퍼의 윗단이 직선이 되도록 정렬합니다.

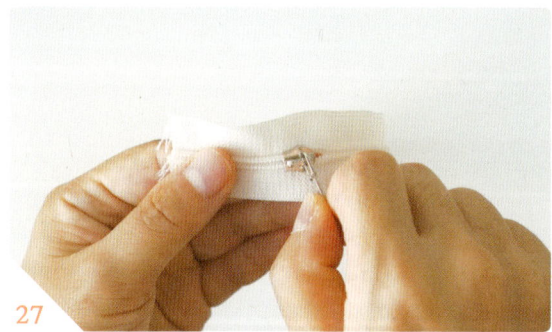

**27**

지퍼의 끝부분을 잡고 지퍼 고리를 안쪽으로 당겨 지퍼를 완성합니다.

**28**

23번 과정에서 자른 광목 원단을 한 장 준비합니다. 원단에 표시한 시접과 지퍼가 서로 마주 보도록 겹쳐 시침핀으로 고정합니다.

**29**

시침핀으로 고정한 지퍼가 흔들리지 않도록 유의하면서 위에서 0.5cm 떨어진 부분에 선을 긋습니다.

**30**

수예용 바늘에 수예용 실을 끼운 다음 끝부분에 매듭을 짓고, 29번 과정에서 그은 선을 따라 홈질합니다.

> TIP [PART 1. 펀치니들 자수의 기초 – 펀치니들 작품을 완성하는 바느질 기법 – 홈질(p.34)]을 참고해 바느질합니다.

**31**

선을 따라 0.5cm 간격으로 끝까지 홈질한 뒤 매듭을 짓고 가위로 잘라 마무리합니다.

**32**

홈질한 원단을 뒤집어 깔끔하게 바느질됐는지 확인합니다.

**33**

28~29번 과정을 참고해 남은 광목 원단 한 장을 반대쪽 지퍼에 시침핀으로 연결하고, 위에서 0.5cm 떨어진 부분에 선을 긋습니다.

**34**

그은 선을 따라 끝까지 홈질하고 마무리합니다.

35

원단을 뒤집어 깔끔하게 바느질됐는지 확인합니다.

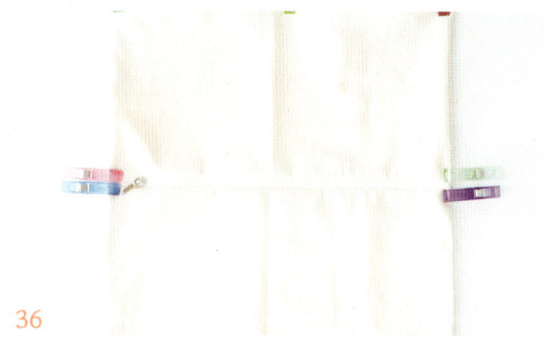

36

지퍼를 연결한 광목 원단의 사방을 1cm씩 접어 재봉 클립으로 고정합니다.

### 새 패턴 쿠션

37

20번 과정에서 마무리한 쿠션 앞면 뒤에 36번 과정에서 만든 쿠션 뒷면을 겹친 뒤 재봉 클립으로 함께 집어 고정합니다.

38

쿠션 뒷면의 광목 원단에서 시작해 앞면과 뒷면을 함께 잡고 공그르기합니다. 이때 바늘에 루프가 걸리지 않도록 주의합니다.

TIP [PART 1. 펀치니들 자수의 기초 - 펀치니들 작품을 완성하는 바느질 기법 - 공그르기(p.33)]를 참고해 바느질합니다.

39

사방을 모두 공그르기합니다.

40

지퍼를 열어 안쪽에 쿠션 솜을 넣으면 새 패턴 쿠션이 완성됩니다.

인형과 쿠션을 한 번에,
03

# 강아지 모양 쿠션

비슷한 모양의 쿠션이 따분하게 느껴진다면 귀여운 형태의 쿠션을 만들어 보는 건 어때요. 인형이 되기도 하고, 때론 쿠션이 되기도 하는 만능 아이템이랍니다. 만들기 쉬운 모양의 도안에 부클사를 사용하여 복슬복슬한 강아지를 표현했는데요. 다른 형태로 만들어도 좋고, 부클사 이외에 부드러운 촉감의 수면사 등 다양한 느낌의 특수사를 사용해도 좋아요. 여러분만의 개성 넘치는 쿠션을 만들어 보세요.

---

**준비물**
몽스 원단, 50cm 그리퍼 수틀
소노모노 알파카 부클레(150번대) 151번
슈지치바농 펀치니들 굵은 바늘 15호
가위, 열펜, 마스킹테이프, 30cm 자, 라텍스 본드, 붓
실크심지, 다리미, 재봉 클립, 돗바늘, 쿠션 솜(방울 솜)

**기법**
특수사(부클사) 펀칭 기법(p.48)
감침질(p.32)

**펀칭 순서**
소노모노 알파카 부클레(150번대) 151번

**마감 순서**
+ 강아지 도안은 정방향으로 한 장 반전시켜 한 장, 총 두 장을 만듭니다.
+ 펀칭을 마친 도안 두 장을 겹쳐 감침질로 연결하여 마무리합니다.

**POINT**
+ 실크심지를 부착할 때는 까슬한 면이 아래로 가도록 두고 다림질합니다.
+ 솜을 고르게 펴서 넣어야 모양을 잡기 수월합니다.

## 강아지 모양 쿠션 도안
P. 226

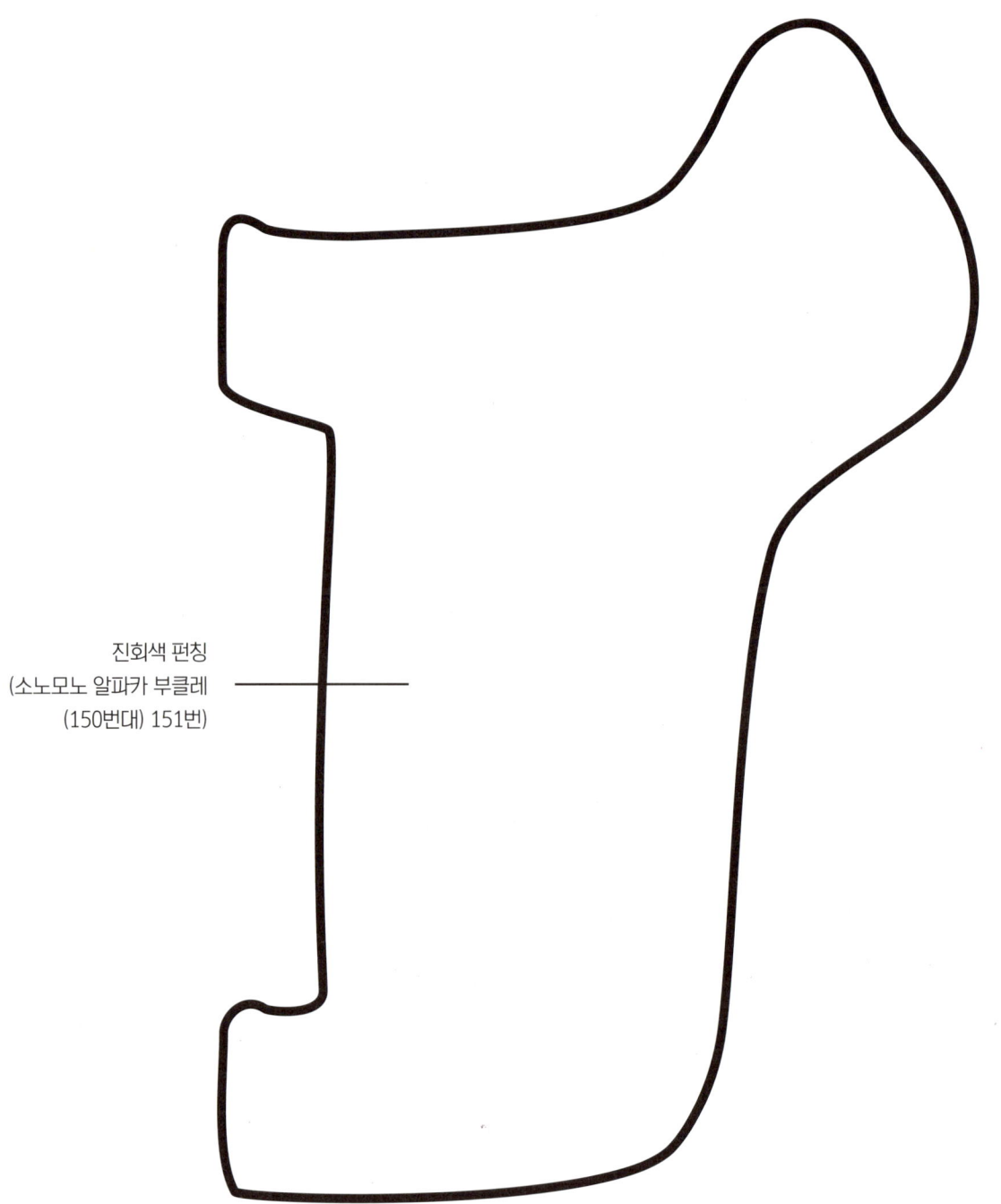

진회색 펀칭
(소노모노 알파카 부클레
(150번대) 151번)

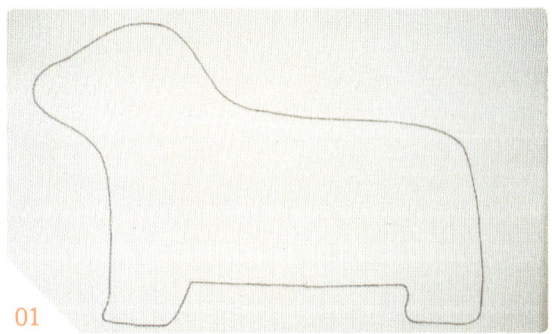

01

50cm 그리퍼 수틀에 몽스 원단을 고정하고, 수틀의 앞면에 도안을 그립니다.

TIP [PART 1. 펀치니들 자수의 기초 - 수틀에 원단 고정하기 - 그리퍼 수틀(p.24) / 원단에 도안 그리기(p.29)]를 참고해 원단을 고정하고 도안을 그립니다.

02

슈지치바농 펀치니들 굵은 바늘 15호에 진회색의 **소노모노 알파카 부클레(150번대) 151번** 실을 끼웁니다.

TIP [PART 1. 펀치니들 자수의 기초 - 펀치니들에 실 끼우기 - 절개형 바늘(p.26)]을 참고해 실을 끼웁니다.

03

도안의 테두리를 특수사 펀칭 기법으로 펀칭합니다. 도안의 테두리를 따라 2~3mm 간격으로 펀칭을 시작합니다.

TIP [PART 2. 펀치니들 자수의 스티치 종류 - 특수사를 이용한 펀칭 방법 - 부클사(p.48)]를 참고합니다.

04

도안의 안쪽 면을 펀칭합니다. 실에 고리가 달려 있으므로 촘촘하게 펀칭하지 말고 '실 옆에 실을 놓는다'라는 느낌으로 펀칭합니다.

05

도안의 안쪽을 모두 펀칭한 다음, 완성 면인 루프 면이 고르게 되었는지 확인하고 수틀에서 원단을 분리합니다.

TIP [PART 2. 펀치니들 자수의 스티치 종류 - 실 정리하기 - 루프 스티치로 완성(p.49)]을 참고해 실을 정리합니다.

06

도안에서 2~3cm 정도 떨어진 곳에 시접선을 그리고 재단합니다.

07

시접에 가위집을 낸 다음 플랫 면의 테두리 부분에만 라텍스 본드를 바릅니다.

08

시접을 안쪽으로 하나씩 접어 붙입니다.

09

실크심지를 도안의 모양대로 자른 뒤, 심크심지의 까슬한 면이 아래쪽을 향하도록 올려 두고 중간 온도로 꾹꾹 눌러 다림질합니다.

10

1~9번 과정을 참고해 같은 방법으로 반대쪽 면을 만듭니다. 이때 도안은 좌우 반전하여 펀칭합니다.

11

도안 두 장을 실크심지를 붙인 안쪽 면끼리 마주 보도록 겹치고 재봉 클립으로 고정합니다.

12

돗바늘에 부클사를 끼운 다음 끝부분에 매듭을 짓습니다. 그다음 도안 두 장을 겹쳐 잡고 한꺼번에 감침질을 시작합니다. 시작점은 어느 쪽이든 상관없습니다.

> TIP [PART 1. 펀치니들 자수의 기초 – 펀치니들 작품을 완성하는 바느질 기법 – 감침질(p.32)]을 참고해 바느질합니다.

13

테두리를 따라 감침질합니다. 이때 강아지의 배 부분에 창구멍(솜이 들어갈 부분)은 남기고 감침질합니다.

14

창구멍만 남기고 모두 감침질했다면 감침질한 안쪽으로 바늘을 넣어 뺀 뒤 가위로 잘라 마무리합니다.

15

창구멍을 통해 안쪽으로 쿠션 솜을 넣습니다. 솜을 넣을 때는 빈 곳이 없도록 모서리까지 구석구석 꼼꼼하게 넣어야 형태가 흐트러지지 않습니다.

16

솜을 알맞게 채워 넣었다면 남겨두었던 창구멍을 감침질하여 막습니다.

17

창구멍을 막은 다음 감침질한 부분 안쪽으로 바늘을 넣어 뺀 뒤 가위로 잘라 마무리하면 강아지 모양 쿠션이 완성됩니다.

빙그르르 돌아가는 평화 한 조각,

## 04 새 모빌

화려하지 않아도 존재감을 주는 것들이 있어요. 저는 그중 하나가 모빌이라고 생각해요. 공간 한편에 모빌을 두면 빙그르르 돌아가는 모습만 보아도 마음의 쉼을 얻을 수 있어요. 이번에는 특수사인 모헤어를 사용하여 포근하고 풍성한 새 모양의 모빌을 만들어 볼 거예요. 있는 듯 없는 듯 하지만, 조용히 존재감을 뽐내는 새 모빌을 만들어 공간에 평화 한 조각을 달아 보세요.

### 준비물
몽스 원단, 37cm 자수용 원목 수틀
산네스간 틴실크 모헤어(1012 네추럴, 2113 밀짚노랑)
슈지치바농 펀치니들 가는 바늘 10호
가위, 열펜, 마스킹테이프, 30cm 자, 라텍스 본드, 붓, 재봉 클립
돗바늘, 120cm 낚싯줄 또는 우레탄 줄

### 기법
특수사(모헤어) 펀칭 기법(p.47)
감침질(p.32)

### 펀칭 순서
1012 네추럴    2113 밀짚노랑

### 마감 순서
+ 앞뒤로 두 개씩 만든 다음 감침질하여 연결합니다.

### POINT
+ 새, 원형, 하트 세 가지 도안은 두 장을 만들어 앞뒤로 겹칩니다. 이때 두 번째 새 도안은 좌우 반전하여 만듭니다.

**01**

37cm 자수용 원목 수틀에 몽스 원단을 고정하고, 수틀의 앞면에 도안을 그립니다. 도안을 그릴 때는 도안 사이에 여백을 충분히 주며 그립니다.

> TIP  [PART 1. 펀치니들 자수의 기초 – 수틀에 원단 고정하기 – 자수용 원목 수틀(p.23) / 원단에 도안 그리기(p.29)]를 참고해 원단을 고정하고 도안을 그립니다.

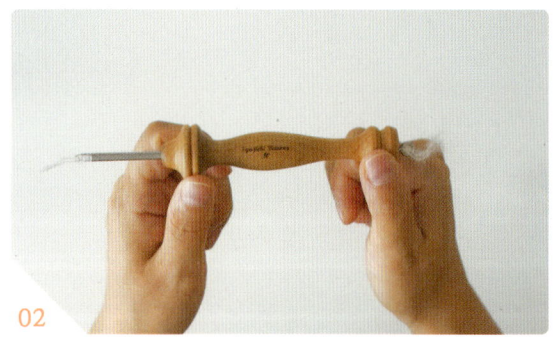

**02**

슈지치바농 펀치니들 가는 바늘 10호에 하얀색의 **1012 네추럴** 실 두 가닥을 합사해 끼웁니다.

> TIP  [PART 1. 펀치니들 자수의 기초 – 펀치니들에 실 합사하기 – 실 한 볼로 합사하기(p.28)]를 참고해 실을 끼웁니다.

**03**

새 도안부터 펀칭합니다. 특수사 펀칭 기법을 사용해 도안의 테두리를 따라 2~3mm 간격으로 펀칭하며 안쪽을 채워줍니다.

> TIP  [PART 2. 펀치니들 자수의 스티치 종류 – 특수사를 이용한 펀칭 방법 – 모헤어(p.47)]를 참고합니다.

**04**

새 도안의 안쪽을 전부 펀칭합니다. 실이 얇으므로 비는 부분 없이 꼼꼼하게 펀칭합니다.

**05**

하얀색 실로 직사각형 도안과 원형 도안도 테두리부터 시작해 안쪽까지 꼼꼼하게 펀칭합니다.

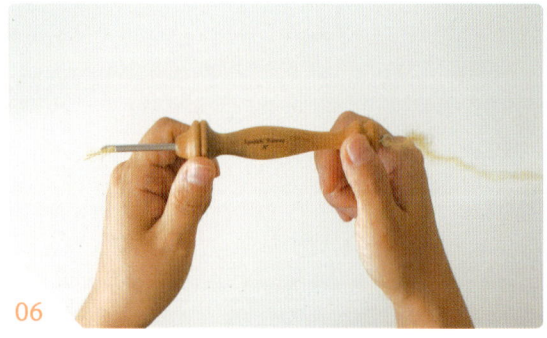

**06**

펀치니들에 노란색의 **2113 밀짚노랑** 실 두 가닥을 합사해 끼웁니다.

07

노란색 실로 새 도안의 부리와 하트 도안을 펀칭합니다.

08

도안을 모두 펀칭한 다음, 수틀을 뒤집어 루프 면에 빈 부분이 없는지 확인하고 수틀에서 원단을 분리합니다.

> TIP  [PART 2. 펀치니들 자수의 스티치 종류 – 실 정리하기 – 루프 스티치로 완성(p.49)]을 참고해 실을 정리합니다.

09

도안에서 1.5~2cm 정도 떨어진 곳에 시접선을 그리고 재단한 뒤 시접에 가위집을 냅니다.

10

플랫 면의 테두리 부분에만 붓을 사용해 라텍스 본드를 바릅니다.

11

시접을 안쪽으로 하나씩 접어 붙입니다.

12

나머지 직사각형, 동그라미, 하트 도안도 테두리에 라텍스 본드를 바르고 시접을 안쪽으로 접어 붙입니다.

13

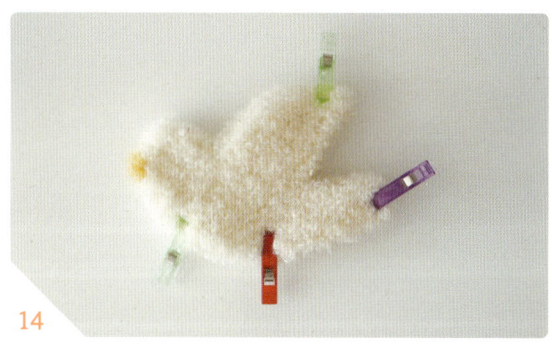

14

같은 방법으로 새, 원형, 하트 도안을 하나씩 더 만듭니다. 이때 새 도안은 좌우를 반전하여 그려야 도안 두 장을 겹쳤을 때 딱 맞습니다.

새 도안 두 장을 루프 면이 서로 밖으로 향하도록 겹치고 양쪽을 맞춰 재봉 클립으로 고정합니다.

15

16

돗바늘에 하얀색의 **1012 내추럴** 실을 끼우고 매듭을 지은 뒤 도안 두 장을 한꺼번에 감침질합니다. 새 부리를 제외한 하얀 몸통 부분을 모두 감침질합니다.

돗바늘에 노란색의 **2113 밀짚노랑** 실을 끼우고 매듭을 지은 뒤 새의 부리 부분을 감침질합니다.

TIP  [PART 1. 펀치니들 자수의 기초 – 펀치니들 작품을 완성하는 바느질 기법 – 감침질(p.32)]을 참고해 바느질합니다.

17

18

모두 감침질했다면 감침질한 안쪽으로 바늘을 넣었다 밖으로 뺀 뒤 가위로 잘라 마무리합니다.

모빌의 중간 바가 될 직사각형 도안은 하나 더 만들지 않고 반으로 길게 접어 재봉 클립으로 고정합니다.

19

돗바늘에 하얀색의 **1012 네추럴** 실을 끼우고 세 면을 감침질하여 마무리합니다.

20

원형과 하트 도안도 두 장을 겹쳐 감침질하여 완성합니다. 이때 원형은 하얀색 실, 하트는 노란색 실을 사용합니다.

### 모빌 만들기

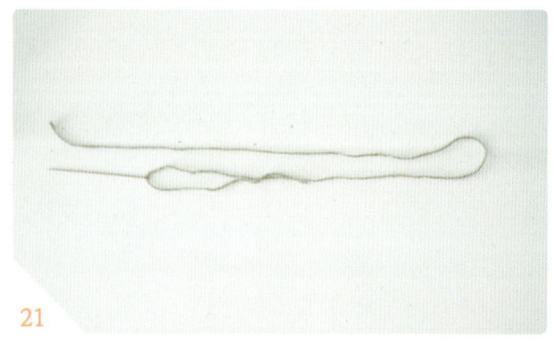

21

돗바늘에 120cm의 낚싯줄 또는 우레탄 줄을 끼우고 끝부분에는 매듭을 짓습니다.

**TIP** 낚싯줄과 우레탄 줄은 사진에 잘 보이지 않아 저는 일반 털실을 사용했어요.

22

하트 도안의 뾰족한 끝부분에 바늘을 넣고 움푹 파인 중앙 윗부분으로 빼냅니다.

23

하트 도안에서 5~6cm 떨어진 지점에 매듭을 여러 번 지어줍니다.

24

직사각형 도안을 3등분했을 때 첫 번째 등분의 왼쪽 아랫부분에서 위로 바늘을 넣고 뺍니다.

**25**
직사각형 도안에서 3~3.5cm 떨어진 지점에 매듭을 여러 번 지어줍니다.

**26**
새 모양 도안에서 왼쪽 배 부분에 바늘을 넣고, 얼굴과 날개의 경계 부분으로 바늘을 뺍니다.

**27**
이번에는 새의 날개 부분에 바늘을 넣고, 오른쪽 배 부분으로 바늘을 뺍니다.

**28**
새의 오른쪽 배 부분에 매듭을 여러 번 지어줍니다. 이때 윗부분은 어딘가에 걸 수 있도록 20cm 이상 여유를 남깁니다.

**29**
직사각형 도안의 오른쪽 아래로 바늘을 빼고 여러 번 매듭을 짓습니다. 왼쪽과 오른쪽 간격은 7~8cm 정도가 되도록 합니다.

> **TIP** 모빌을 만들 때는 균형을 맞추는 것이 가장 중요합니다. 전체 길이를 확인하고 등분을 나눠 정확하게 위치를 잡도록 합니다.

**30**
원형 도안도 같은 방법으로 달아줍니다. 이때 하트 도안보다 원형 도안이 위쪽에 위치하도록 단차를 두어 답니다.

31

매듭을 짓고 남은 실을 가위로 잘라 마무리하면 새 모빌이 완성됩니다.

> **TIP** 낚싯줄이나 우레탄 줄로 연결할 때는 매듭이 풀리지 않도록 매듭 부분에 순간접착제를 살짝 발라도 좋습니다.

## TIP | 여러 번 매듭 짓기

01

손가락에 실을 여러 번 감아 고리를 만들고, 실의 끝부분을 고리의 안쪽에서 바깥쪽으로 빼냅니다.

02

실의 끝부분을 잡고 양쪽으로 잡아당깁니다.

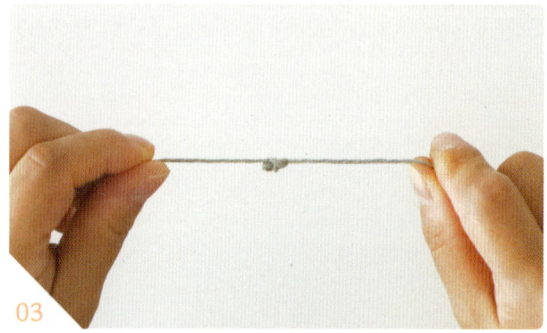

03

실을 끝까지 당기면 여러 번 묶지 않고도 한 번에 튼튼한 매듭을 지을 수 있습니다. 털실은 굵어서 매듭을 여러 번 지어주지 않아도 되지만, 낚싯줄이나 우레탄 줄은 매듭을 여러 번 지어야 풀리지 않고 모형이 아래로 빠지지 않습니다.

은은하는 색상으로 만들어 더욱 다채로운,
05
## 꽃 시계

펀치니들은 오브제로서의 작품도 좋지만 다양한 부자재를 활용해 실생활에서 쓰임새 있는 아이템을 만드는 것도 좋아요. 이번에는 시계 부속품을 알맞게 골라 생활에서 흔히 사용하는 벽시계를 만들어 볼 거예요. 루프컷 스티치를 활용해 입체적으로 볼륨을 주어 보송한 느낌이 나는 꽃 모양의 시계랍니다. 직접 만들었으니 시계를 바라볼 때마다 뿌듯함도 배가 되겠죠!

---

**준비물**
몽스 원단, 30cm 그리퍼 수틀
산네스간 알파카울(2321 마지팬, 9573 모스그린)
슈지치바농 펀치니들 굵은 바늘 15호
가위, 커브 가위, 열펜, 마스킹테이프, 30cm 자, 라텍스 본드, 붓
펠트지, 글루건, 송곳
무소음 시계 무브먼트(나사 22mm), 시곗바늘

**기법**
루프컷 스티치(p.41)

**펀칭 순서**
2321 마지팬    9573 모스그린

**마감 순서**
+ 루프컷 스티치를 한 후 펠트지를 붙여 마감합니다.
+ 송곳으로 시계 무브먼트의 위치를 잡아 구멍을 뚫고 무브먼트를 부착합니다.

**POINT**
+ 시곗바늘이 실에 걸리지 않고 잘 돌아갈 수 있도록 시곗바늘의 길이만큼 안쪽으로 갈수록 낮게 루프컷합니다.

## 꽃 시계 도안
P. 228

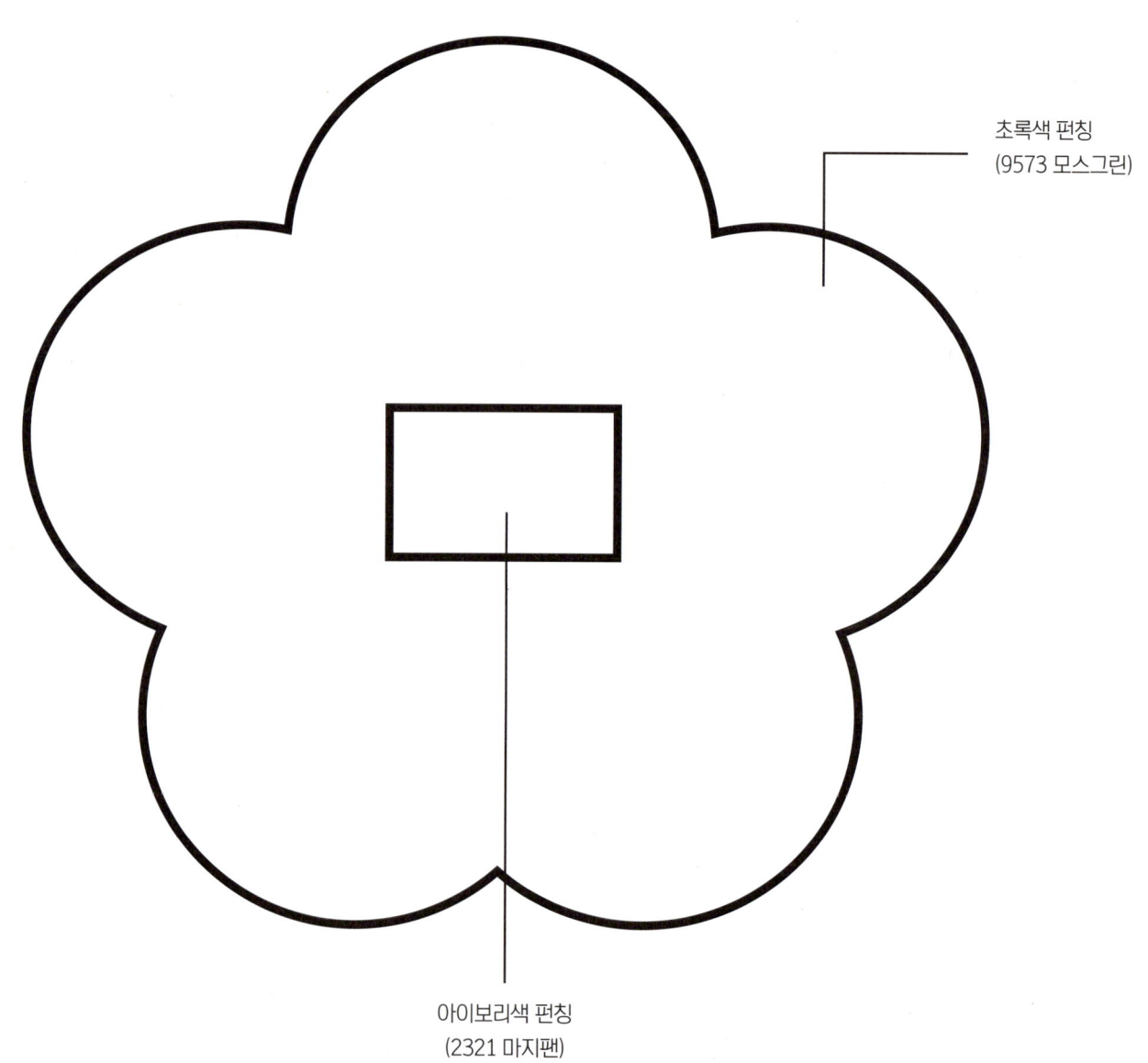

초록색 펀칭
(9573 모스그린)

아이보리색 펀칭
(2321 마지팬)

##### 01
30cm 그리퍼 수틀에 몽스 원단을 고정하고, 수틀의 앞면에 도안을 그립니다.

> TIP [PART 1. 펀치니들 자수의 기초 – 수틀에 원단 고정하기 – 그리퍼 수틀(p.24) / 원단에 도안 그리기(p.29)]를 참고해 원단을 고정하고 도안을 그립니다.

##### 02
슈지치바농 펀치니들 굵은 바늘 15호에 아이보리색의 **2321 마지팬** 실 두 가닥을 합사해 끼웁니다.

> TIP [PART 1. 펀치니들 자수의 기초 – 펀치니들에 실 합사하기 – 실 한 볼로 합사하기(p.28)]를 참고해 실을 끼웁니다.

##### 03
꽃 중앙의 네모 모양부터 펀칭합니다. 도안의 테두리를 2~3mm 간격으로 펀칭하고 테두리 안쪽을 채웁니다. 루프컷 스티치를 해야 하므로 촘촘히 펀칭합니다.

> TIP [PART 2. 펀치니들 자수의 스티치 종류 – 루프컷 스티치(p.41)]를 참고합니다.

##### 04
펀치니들에 초록색의 **9573 모스그린** 실 두 가닥을 합사해 끼웁니다. 그다음 꽃 도안의 테두리를 따라 펀칭합니다.

##### 05
꽃 도안을 빈틈없이 펀칭한 다음 가위로 실을 잘라 마무리합니다.

##### 06
그리퍼 수틀에서 펀칭한 원단을 떼어낸 뒤 루프 면이 앞으로 오도록 뒤집어 다시 수틀에 고정합니다.

**07**

커브 가위로 루프의 실 고리를 모두 자릅니다.

**08**

자른 루프의 윗면을 커팅하여 평평하게 다듬어 줍니다. 이때, 사진의 점선을 참고해 동그라미의 안쪽으로 갈수록 짧게 자르고 외곽으로 갈수록 길게 잘라 볼륨감을 살립니다.

> **TIP** 동그라미 부분에는 시곗바늘이 움직여야 하니 시곗바늘이 걸리지 않을 정도로 짧게 자릅니다.

**09**

꽃 모양의 둥근 테두리가 뚜렷하게 보이도록 커브 가위로 정리합니다.

**10**

커브 가위의 손잡이를 아래쪽으로 내려 가위다리를 사선으로 만든 뒤, 꽃잎 부분이 봉긋해지도록 가장자리를 커팅합니다.

**11**

커브 가위로 테두리를 모두 다듬으며 꽃 모양의 곡선을 살려 다듬습니다.

**12**

아이보리색으로 펀칭한 부분도 테두리를 따라 가위로 자릅니다. 이때 초록색과 아이보리색의 경계 부분은 깊게 잘라 파냅니다.

13
네모 모양이 흐트러지지 않고 입체감이 들도록 커브 가위로 다듬습니다.

14
꽃 모양을 전체적으로 살펴보면서 한 번 더 윗면을 깔끔하게 다듬어 줍니다.

15
수틀에서 원단을 떼어낸 다음 1.5~2cm 정도 떨어진 곳에 시접선을 그립니다.

16
시접선을 따라 재단한 뒤 시접에 가위집을 냅니다.

17
플랫 면의 테두리에 붓으로 라텍스 본드를 바릅니다.

18
시접을 안쪽으로 하나씩 접어 붙입니다.

19

펠트지를 도안 모양에 맞게 자릅니다.

20

플랫 면에 글루건을 고르게 바릅니다.

21

글루건을 바른 면 위에 **19**번 과정에서 준비한 펠트지를 붙여 뒷면을 깔끔하게 정리합니다.

22

아이보리색 펀칭 부분의 가운데에 송곳으로 구멍을 뚫습니다.

**TIP** 구멍은 시계의 정중앙에 뚫어야 하니 전체 도안의 중앙을 찾아 뚫어줍니다.

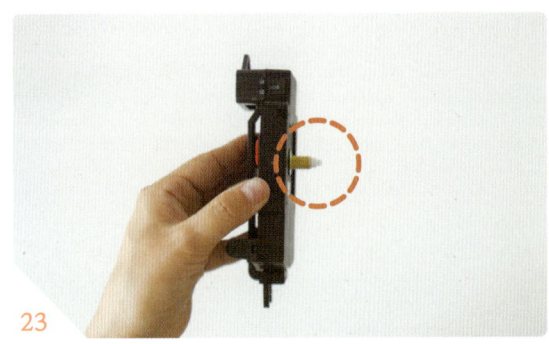

23

시계 무브먼트를 준비합니다. 이때 무브먼트는 나사 부분이 22mm 정도 되는 것을 사용합니다.

24

**22**번 과정에서 뚫은 구멍에 시계 무브먼트의 나사 부분이 앞쪽으로 나오도록 밀착해서 붙입니다.

25

시곗바늘 중 시침을 먼저 끼웁니다.

26

분침을 끼우고 마지막으로 초침을 끼우면 꽃 시계가 완성됩니다.

주방이나 거실에 포인트 한 그릇,
06
# 과일 그릇 월 행잉

허전한 벽에 멋진 그림이 그려진 포스터 한 장도 좋지만, 펀치니들 자수로 만든 특별한 월 행잉을 걸어두면 확실히 매력 있는 아이템이 될 거예요. 루프컷 스티치로 그림에 단차를 주고 외곽을 파내어 입체감이 드는 기법을 소개할게요. 주방이나 거실 한편에 포스터보다 유니크한 포인트가 되어 줄 월 행잉을 함께 만들어 볼까요?

---

### 준비물
몽스 원단, 37cm 자수용 원목 수틀
파인램스울(702 베이지멜란지, 704 갈색, 705 머스타드, 710 진파랑, 718 밤색, 725 라임, 730 베이지)
슈지치바농 펀치니들 굵은 바늘 15호, 가는 바늘 5호
가위, 커브 가위, 날개 가위, 열펜, 마스킹테이프, 30cm 자
라텍스 본드, 붓, 재봉 클립, 수예용 바늘, 수예용 실
광목 원단, 30cm 나무 봉, 60cm 행잉용 끈

### 기법
루프컷 스티치(p.41)
루프 스티치(p.40)
감침질(p.32)
공그르기(p.33)

### 펀칭 순서
| | | |
|---|---|---|
| 705 머스타드 | 702 베이지멜란지 | 710 진파랑 |
| 704 갈색 | 730 베이지 | |
| 725 라임 | 718 밤색 | |

### 마감 순서
+ 뒷면에 원단을 덧대어 공그르기로 마무리합니다.
+ 작품 상단에 봉을 끼울 만큼의 공간을 두고 공그르기합니다.

### POINT
+ 도안 하나를 펀칭할 때마다 루프컷 스티치를 합니다.
+ 입체감이 들도록 바늘 호수를 달리하여 펀칭합니다.

## 과일 그릇 월 행잉 도안
P. 229

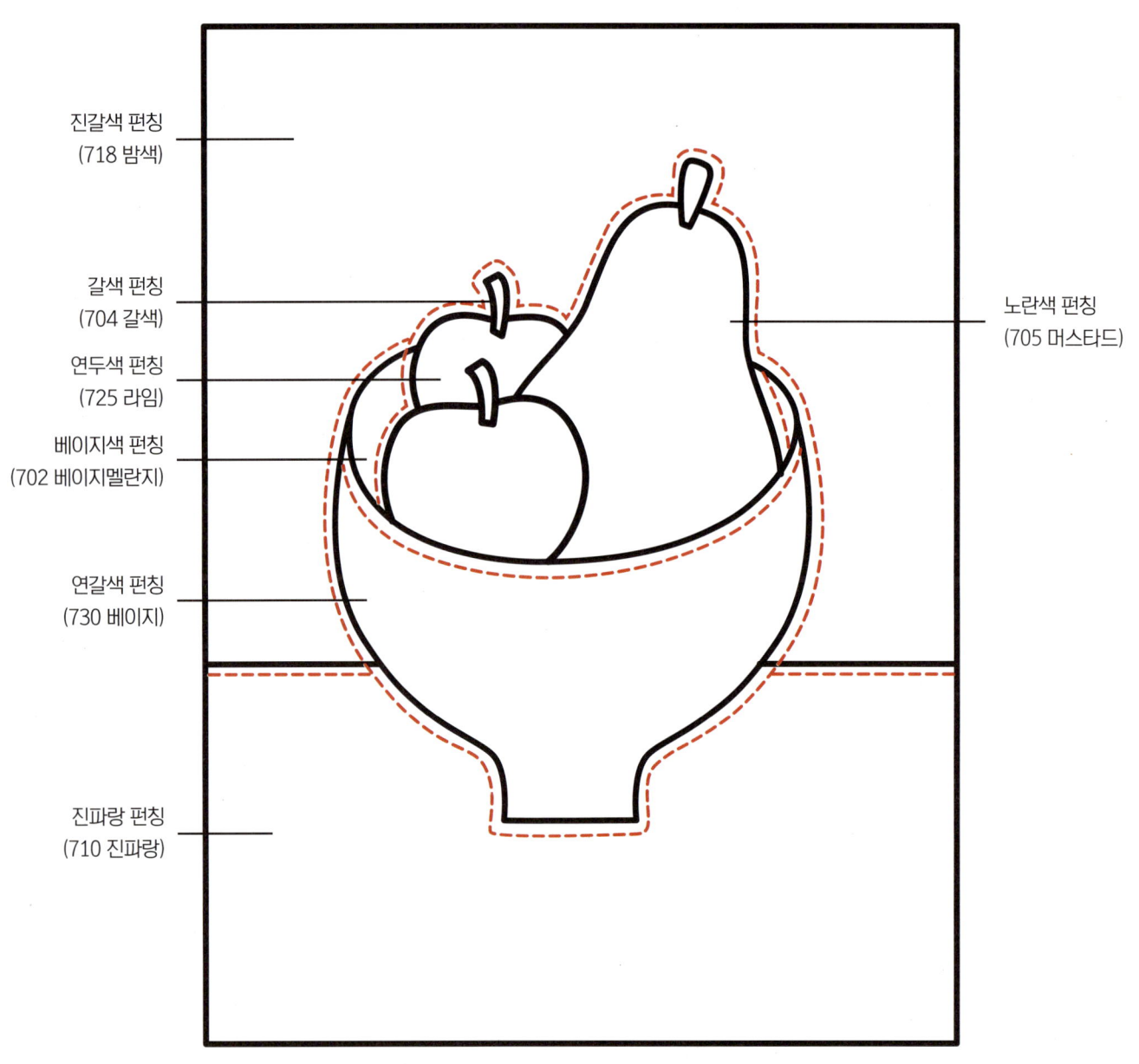

- 진갈색 펀칭 (718 밤색)
- 갈색 펀칭 (704 갈색)
- 연두색 펀칭 (725 라임)
- 베이지색 펀칭 (702 베이지멜란지)
- 연갈색 펀칭 (730 베이지)
- 진파랑 펀칭 (710 진파랑)
- 노란색 펀칭 (705 머스타드)

※ 빨간색 점선 간격만큼
1~2mm 정도 띄어서 펀칭하기

01

37cm 자수용 원목 수틀에 몽스 원단을 고정하고, 수틀의 뒷면에 도안을 그립니다.

**TIP** [PART 1. 펀치니들 자수의 기초 - 수틀에 원단 고정하기 - 자수용 원목 수틀(p.23) / 원단에 도안 그리기(p.29)]를 참고해 원단을 고정하고 도안을 그립니다.

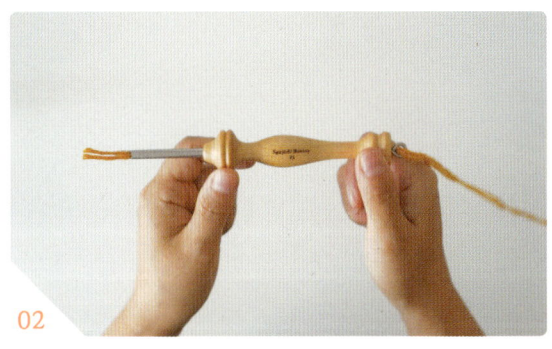

02

슈지치바농 펀치니들 굵은 바늘 15호에 노란색의 **705 머스타드** 실 두 가닥을 합사해 끼웁니다.

**TIP** [PART 1. 펀치니들 자수의 기초 - 펀치니들에 실 합사하기 - 실 한 볼로 합사하기(p.28)]를 참고해 실을 끼웁니다.

03

서양배부터 펀칭합니다. 배의 테두리를 따라 2~3mm 간격으로 펀칭을 하고 안쪽을 채웁니다.

**TIP** [PART 2. 펀치니들 자수의 스티치 종류 - 루프컷 스티치(p.41)]를 참고합니다.

04

수틀을 뒤집어 루프 면을 확인하고, 커브 가위를 사용해 루프의 실 고리를 모두 자릅니다.

**TIP** 도안을 하나 펀칭할 때마다 커브 가위로 잘라 다듬으며 진행합니다.

05

커브 가위로 훑어가며 루프가 잘리지 않은 곳은 없는지 꼼꼼히 확인합니다.

06

날개 가위를 사용해 윗면을 평평하게 자릅니다.

07

커브 가위를 사용해 곡선이 있는 부분을 정리합니다. 곡선의 모양을 잡아가며 다듬어 줍니다.

08

도안과 같은 모양이 되도록 깔끔하게 정리하며 루프컷합니다.

09

펀치니들에 갈색의 **704 갈색** 실 두 가닥을 합사해 끼웁니다. 그다음 수틀 뒷면에 서양배 꼭지를 펀칭합니다.

TIP 과일과 그릇은 모두 슈지치바농 펀치니들 굵은 바늘 15호를 사용합니다.

10

수틀을 뒤집고 커브 가위로 루프의 실 고리를 모두 자릅니다.

11

날개 가위로 윗면을 평평하게 정리하고, 커브 가위로 모양을 다듬습니다.

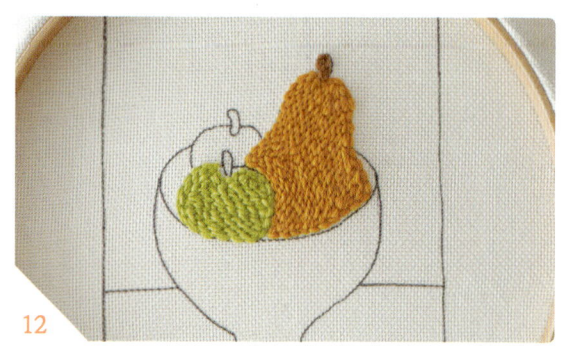

12

펀치니들에 연두색의 **725 라임** 실 두 가닥을 합사해 끼웁니다. 그다음 수틀 뒷면에 아래쪽 사과를 펀칭합니다.

13
수틀을 뒤집고 커브 가위로 루프의 실 고리를 모두 자릅니다.

14
날개 가위로 윗면을 평평하게 정리하고, 커브 가위로 곡선의 모양을 다듬습니다.

15
날개 가위로 서양배와 사과 사이를 홈을 파듯이 짧게 자릅니다. 도안의 모양을 따라 다듬어 홈을 파내면 그림 사이에 단차가 생겨 작품이 선명하게 강조됩니다.

16
펀치니들에 갈색의 **704 갈색** 실 두 가닥을 합사해 끼운 뒤, 수틀 뒷면에 사과 꼭지를 펀칭합니다.

17
커브 가위로 루프의 실 고리를 모두 자르고 날개 가위로 윗면을 평평하게 정리합니다. 그다음 커브 가위로 곡선의 모양을 다듬습니다.

18
펀치니들에 연두색의 **725 라임** 실 두 가닥을 합사해 끼운 뒤, 수틀 뒷면에 위쪽 사과를 펀칭하고 수틀을 뒤집어 루프의 실 고리를 모두 자릅니다.

19

위쪽 사과는 아래쪽 사과보다 뒤에 있으니 실을 조금 더 짧게 잘라 단차를 줍니다. 날개 가위로 평평하게 자르고, 커브 가위로 곡선을 다듬어 줍니다.

20

펀치니들에 갈색의 **704 갈색** 실 두 가닥을 합사해 끼운 뒤, 수틀 뒷면에 위쪽 사과의 꼭지를 펀칭하고 루프컷 스티치합니다.

21

서양배와 위쪽 사과 사이의 경계 부분을 커브 가위로 홈을 파듯이 짧게 자릅니다.

22

사과와 사과 사이의 경계에도 홈을 파듯이 커브 가위로 짧게 자릅니다. 홈으로 인해 단차가 생겨 입체감이 생깁니다.

23

펀치니들에 베이지색의 **702 베이지멜란지** 실 두 가닥을 합사해 끼운 다음, 수틀 뒷면에 그릇 안쪽을 펀칭합니다. 이때 과일 도안과 맞닿는 부분은 1~2mm 정도 띄어 루프 스티치합니다.

TIP [PART 2. 펀치니들 자수의 스티치 종류 – 루프 스티치(p.40)]를 참고합니다.

24

수틀을 뒤집어 그릇 안쪽을 펀칭한 루프 스티치가 제대로 됐는지 확인합니다. 특히 루프컷 스티치를 한 부분의 경계에 실이 빠진 곳은 없는지 확인합니다.

TIP [PART 2. 펀치니들 자수의 스티치 종류 – 실 정리하기 – 루프 스티치로 완성(p.49)]을 참고해 실을 정리합니다.

25

펀치니들에 연갈색의 **730 베이지** 실을 끼운 다음, 수틀 뒷면에 그릇을 펀칭하고 가위로 잘라 마무리합니다.

26

슈지치바농 펀치니들 가는 바늘 5호에 진갈색의 **718 밤색** 실을 끼워 준비합니다.

**TIP** 배경은 모두 슈지치바농 펀치니들 가는 바늘 5호를 사용합니다.

27

수틀 뒷면에 위쪽 배경을 펀칭합니다. 배경의 테두리를 따라 2~3mm 간격으로 펀칭을 하고 안쪽을 채운 뒤 가위로 잘라 마무리합니다.

28

펀치니들에 진한 파란색의 **710 진파랑** 실을 끼우고 아래쪽 배경을 펀칭합니다. 테두리를 먼저 펀칭하고 안쪽을 채운 뒤 가위로 잘라 마무리합니다.

29

수틀에서 원단을 분리한 다음 사방으로 2~3cm 떨어진 곳에 시접선을 그리고 가위로 자릅니다.

30

플랫 면에 붓을 사용해 라텍스 본드를 바릅니다. 이때 윗부분은 본드를 바르지 않습니다. 그다음, 아래쪽 시접과 양옆의 시접을 안쪽으로 접어 붙입니다.

201

31

맨 윗부분의 시접은 붙이지 않고 안쪽으로 접어 재봉 클립으로 고정합니다. 그다음 원단 사이로 나무 봉이 들어갈 정도만 남기고 수예용 바늘에 수예용 실을 끼워 감침질합니다.

TIP [PART 1. 펀치니들 자수의 기초 – 펀치니들 작품을 완성하는 바느질 기법 – 감침질(p.32)]을 참고해 바느질합니다.

32

바늘땀 사이를 여유 있게 잡아 감침질한 다음 매듭을 짓고 가위로 잘라 마무리합니다.

33

광목 원단을 도안에서 사방 2~3cm 더 여유롭게 시접을 주어 자르고, 시접만큼 안쪽으로 접어 도안 뒤에 재봉 클립으로 고정합니다. 그다음 상단에서 3cm 내려오는 지점에 선을 그어 표시합니다.

34

도안과 광목 원단을 함께 잡고 수예용 바늘과 실로 공그르기합니다.

TIP [PART 1. 펀치니들 자수의 기초 – 펀치니들 작품을 완성하는 바느질 기법 – 공그르기(p.33)]를 참고해 바느질합니다.

35

봉이 들어갈 부분은 사진처럼 손가락을 넣어 원단을 띄운 뒤, 라텍스 본드로 붙이지 않은 몽스 원단과 광목 원단만 잡아 공그르기합니다.

**36**

봉이 들어갈 구멍을 피해 공그르기를 했다면, 그다음부터는 전체를 잡고 공그르기합니다.

**37**

반대쪽도 나무 봉이 나올 부분을 확보한 뒤 전체적으로 공그르기하여 마무리합니다.

**38**

앞면을 확인해 광목 원단이 튀어나온 부분은 없는지 확인합니다.

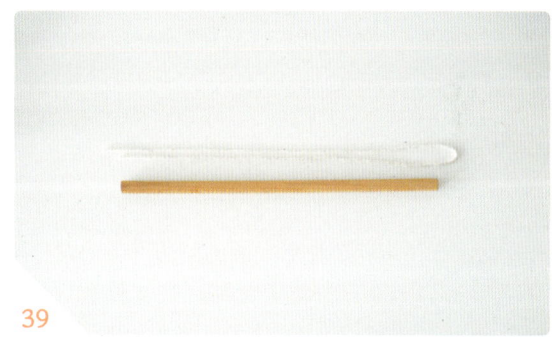

**39**

30cm 나무 봉과 60cm 행잉용 끈을 준비합니다.

**40**

**35**번과 **37**번 과정에서 상단에 남겨둔 구멍 사이로 나무 봉을 끼웁니다.

**41**

나무 봉의 양쪽 끝부분에 행잉용 끈을 감아 고정하면 과일 그릇 월 행잉이 완성됩니다.

손끝에도 따뜻한 감촉을,
**07**

# 하얀 새 러그

침대 밑이나 문 앞에 러그 한 장을 깔아 놓으면 집안의 분위기가 훨씬 더 따뜻해져요. 특히 자고 일어났을 때 발끝에 닿는 촉감이 보들보들하면 피곤하기만 했던 아침 기상 시간이 그리 나쁘지만은 않을 거예요. 보기만 해도 기분이 좋아질 예쁜 그림을 루프 스티치를 놓아 만들면 포근한 하루를 시작할 수 있답니다. 책에서 소개한 색상 이외의 다양한 색감의 실을 사용하여 나만의 러그를 만들어도 좋아요.

---

### 준비물

몽스 원단, 50cm 그리퍼 수틀
파인램스울(704 갈색, 705 머스타드, 707 다크오렌지, 709 피치, 716 흰색,
　　　　　 719 진밤색, 725 라임, 730 베이지, 733 파랑, 737 수박)
슈지치바농 펀치니들 가는 바늘 10호
가위, 열펜, 마스킹테이프, 30cm 자, 라텍스 본드, 붓
광목 원단, 재봉 클립, 수예용 바늘, 수예용 실

### 기법

루프 스티치(p.40)
공그르기(p.33)

### 펀칭 순서

| | | |
|---|---|---|
| 716 흰색 | 737 수박 | 733 파랑 |
| 705 머스타드 | 730 베이지 | 719 진밤색 |
| 709 피치 | 704 갈색 | |
| 725 라임 | 707 다크오렌지 | |

### 마감 순서

+ 색상 펀칭이 하나씩 끝날 때마다 실을 깔끔하게 자릅니다.
+ 펀칭을 마친 뒤 광목 원단을 사이즈에 맞게 재단해서 펀칭한 면과 공그르기하여 마무리합니다.

### POINT

+ 그림을 먼저 펀칭하고 바탕을 펀칭합니다.
+ 그림과 바탕 사이는 1~2mm 정도 간격을 띄어 펀칭합니다.

## 하얀 새 러그 도안

P. 230

※ 빨간색 점선 간격만큼
1~2mm 정도 띄어서 펀칭하기

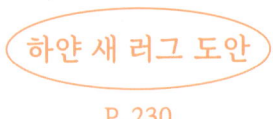

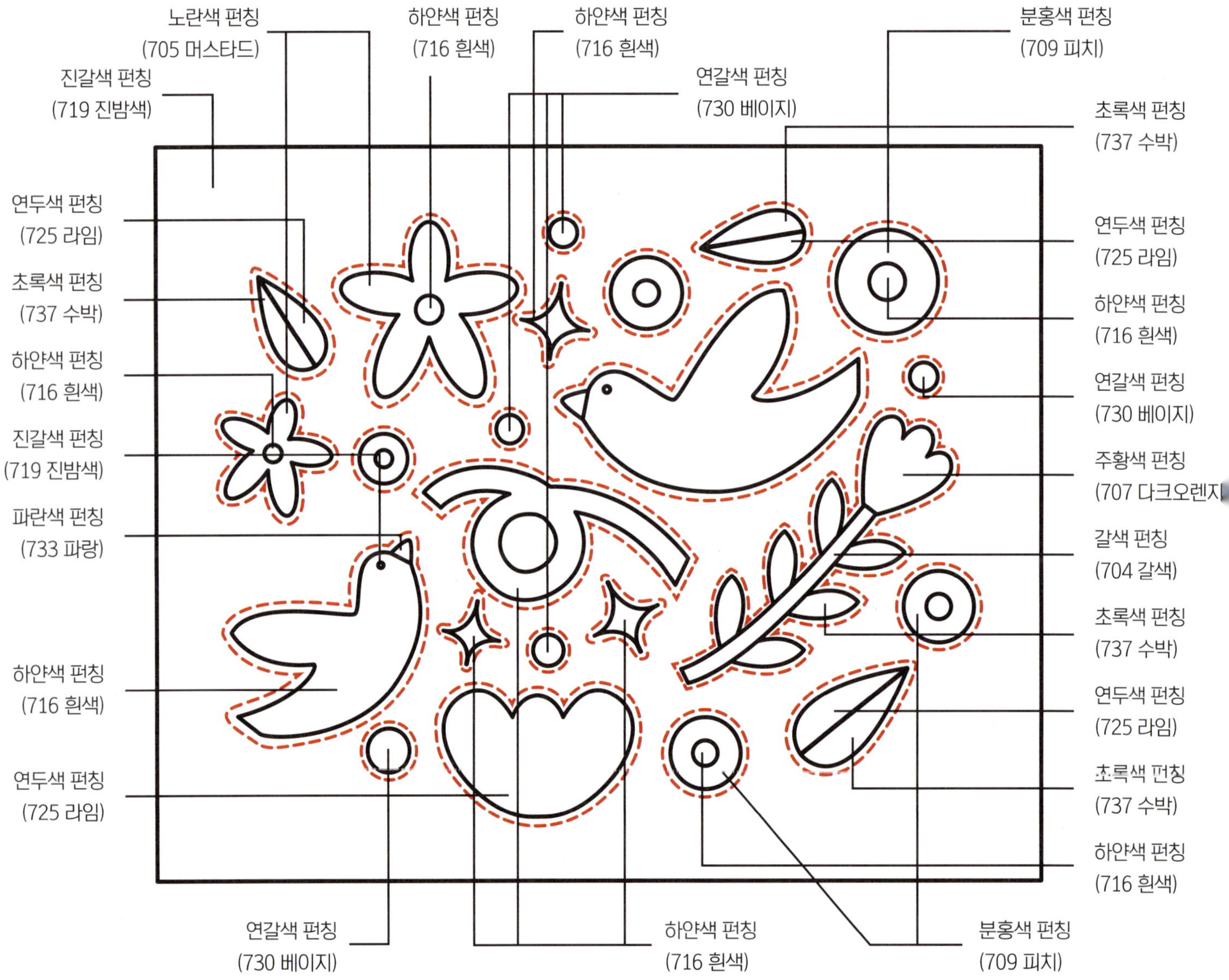

01

50cm 그리퍼 수틀에 몽스 원단을 고정하고, 수틀의 앞면에 도안을 그립니다.

TIP [PART 1. 펀치니들 자수의 기초 – 수틀에 원단 고정하기 – 그리퍼 수틀(p.24) / 원단에 도안 그리기(p.29)]를 참고해 원단을 고정하고 도안을 그립니다.

02

슈지치바농 펀치니들 가는 바늘 10호에 하얀색의 **716 흰색** 실을 끼워 준비합니다.

TIP [PART 1. 펀치니들 자수의 기초 – 펀치니들에 실 끼우기 – 절개형 바늘(p.26)]을 참고해 실을 끼웁니다.

03

새 모양부터 펀칭합니다. 먼저 새의 테두리를 따라 2~3mm 간격으로 펀칭하고 안쪽을 채웁니다.

TIP [PART 2. 펀치니들 자수의 스티치 종류 – 루프 스티치(p.40)]를 참고합니다.

04

도안에 하얀색이 들어가는 부분을 모두 펀칭하고 가위로 실을 잘라 마무리합니다. 펀칭이 끝나면 도안을 뒤집어 루프 면을 확인해 루프가 빠진 곳 없이 일정한 길이로 만들어졌는지 확인합니다.

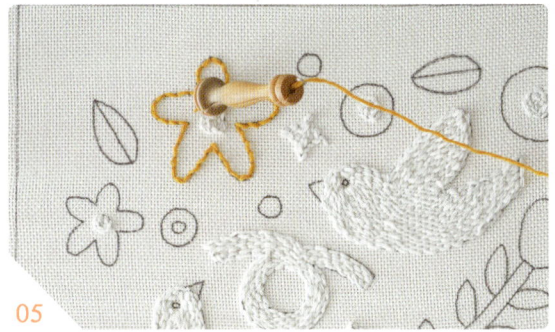

05

펀치니들에 노란색의 **705 머스타드** 실을 끼우고 꽃 두 개를 펀칭합니다.

06

펀치니들에 분홍색의 **709 피치** 실을 끼우고 동그란 분홍색 부분을 모두 펀칭합니다.

07

펀치니들에 연두색의 **725 라임** 실을 끼우고 잎사귀를 비롯한 연두색 부분을 모두 펀칭합니다.

08

펀치니들에 초록색의 **737 수박** 실을 끼우고 진한 잎사귀를 비롯한 초록색 부분을 모두 펀칭합니다.

09

펀치니들에 연갈색의 **730 베이지** 실을 끼우고 동그란 연갈색 부분을 모두 펀칭합니다.

10

펀치니들에 갈색의 **704 갈색** 실을 끼우고 꽃 줄기의 갈색 부분을 펀칭합니다.

11

펀치니들에 주황색의 **707 다크오렌지** 실을 끼우고 꽃의 주황색 부분을 펀칭합니다.

12

펀치니들에 파란색의 **733 파랑** 실을 끼우고 새 부리의 파란색 부분을 펀칭합니다.

**13**

펀치니들에 진갈색의 **719 진밤색** 실을 끼우고 새의 눈을 펀칭합니다. 펀칭이 끝나면 루프 면을 확인해 제대로 펀칭되었는지 확인합니다.

**14**

같은 색으로 바탕을 펀칭합니다. 테두리를 먼저 펀칭한 후 위쪽부터 한 줄씩 펀칭하며 내려옵니다. 이때 앞서 펀칭한 그림과 바탕 사이는 1~2mm 정도 간격을 띄고 펀칭합니다.

**TIP** 도안의 빨간색 점선을 참고합니다.

**15**

바탕을 끝까지 펀칭한 다음 빈 곳은 없는지 확인하고 수틀에서 원단을 떼어냅니다.

**16**

가위나 돗바늘과 같이 끝이 뾰족한 도구를 사용하여 루프 면을 정리합니다. 루프가 꼬인 곳은 없는지, 색상의 경계면에 실이 섞이지는 않았는지 확인합니다.

**TIP** [PART 2. 펀치니들 자수의 스티치 종류 – 실 정리하기 – 루프 스티치로 완성(p.49)]을 참고해 실을 정리합니다.

**17**

도안에서 사방으로 2~3cm 떨어진 곳에 시접선을 그린 뒤 원단을 자릅니다. 그다음 플랫 면에 붓을 사용해 라텍스 본드를 바릅니다.

**18**

시접에 가위집을 내고 사방의 시접을 안쪽으로 하나씩 접어 붙입니다.

19

광목 원단을 도안에서 사방 2~3cm 더 여유롭게 시접을 주어 자르고, 시접만큼 안쪽으로 접어 플랫 면에 재봉 클립으로 고정합니다.

20

수예용 바늘에 수예용 실을 끼워 매듭을 지은 다음, 도안과 광목 원단을 잡고 공그르기합니다.

> **TIP** [PART 1. 펀치니들 자수의 기초 – 펀치니들 작품을 완성하는 바느질 기법 – 공그르기(p.33)]를 참고해 바느질합니다.

21

코너 부분은 광목 원단을 모양에 맞게 접어가며 공그르기 합니다.

22

사방을 모두 공그르기한 다음 실을 잘라 마무리하면 하얀 새 러그 완성입니다.

# PART 4

## 펀치니들 자수의 도안

꽃 액자

1:1 비율

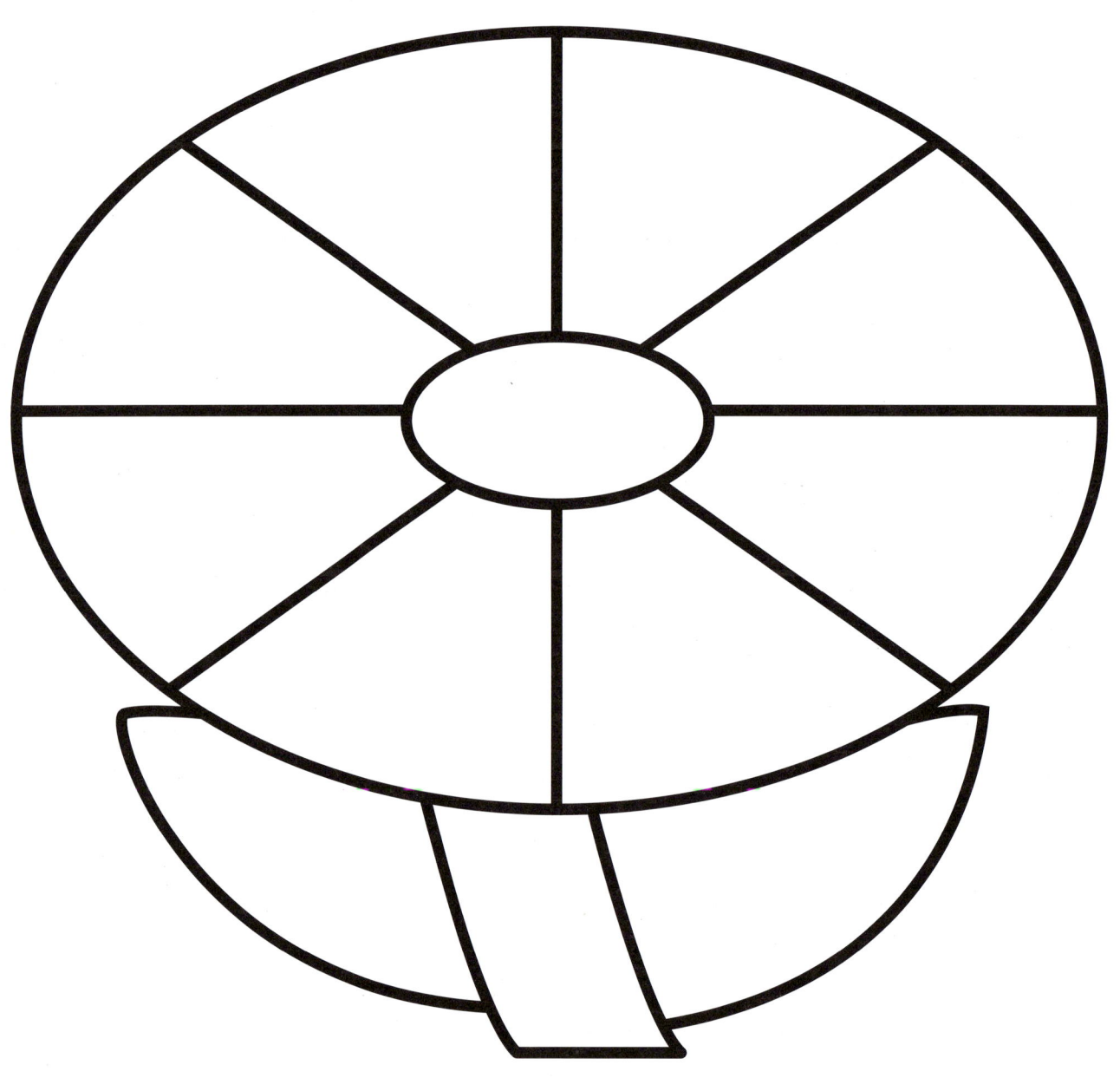

티코스터

1:1 비율

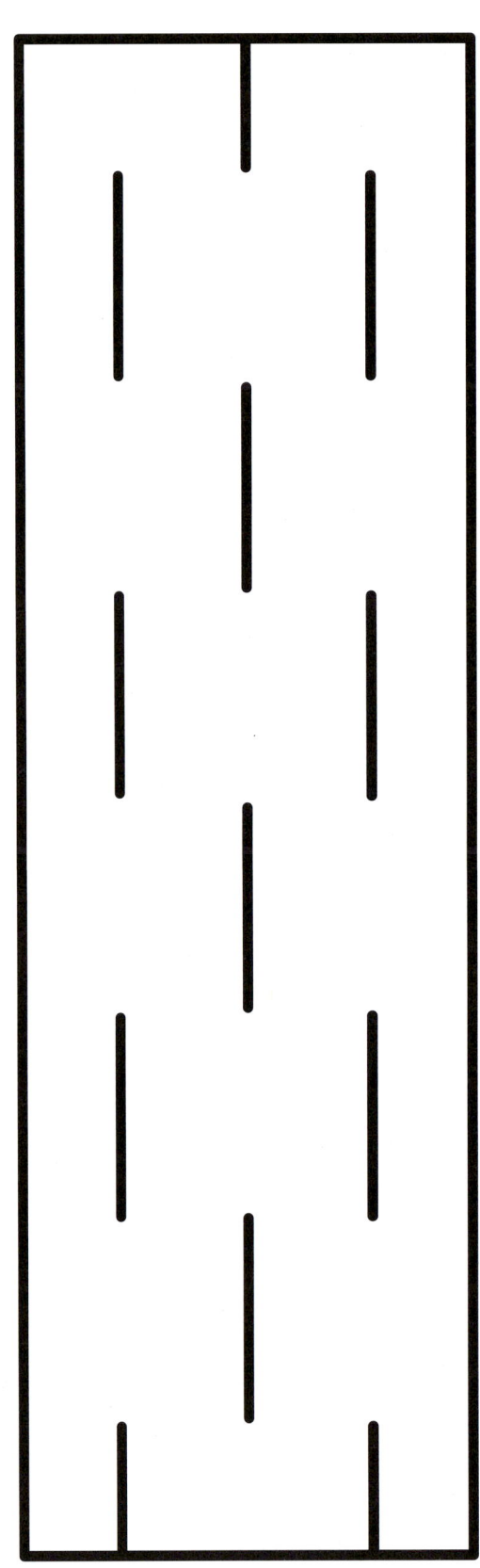

화분 커버

40% 축소 비율

스웨터 액자

1:1 비율

열쇠 모양 키링 & 테슬

1:1 비율

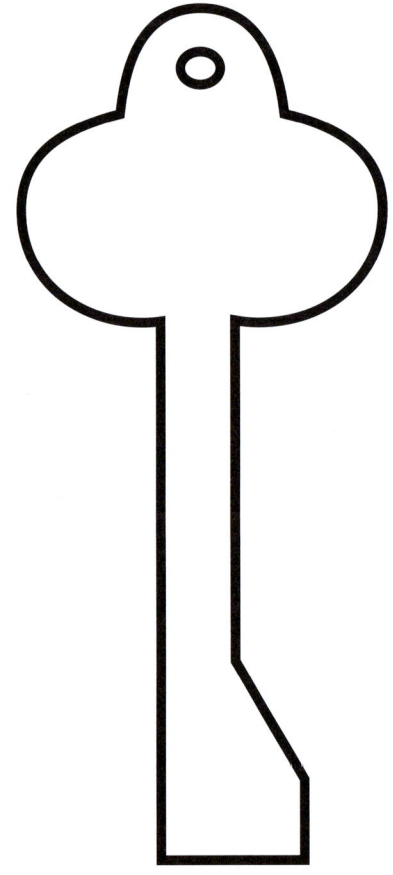

두루마리 휴지 케이스

60% 축소 비율

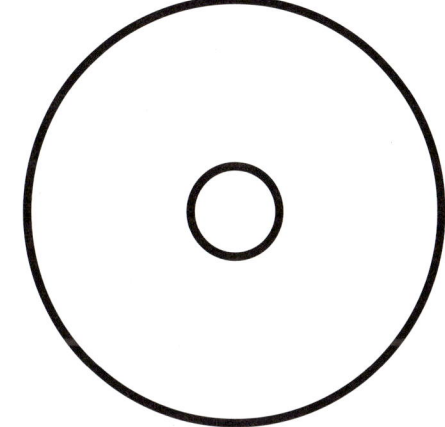

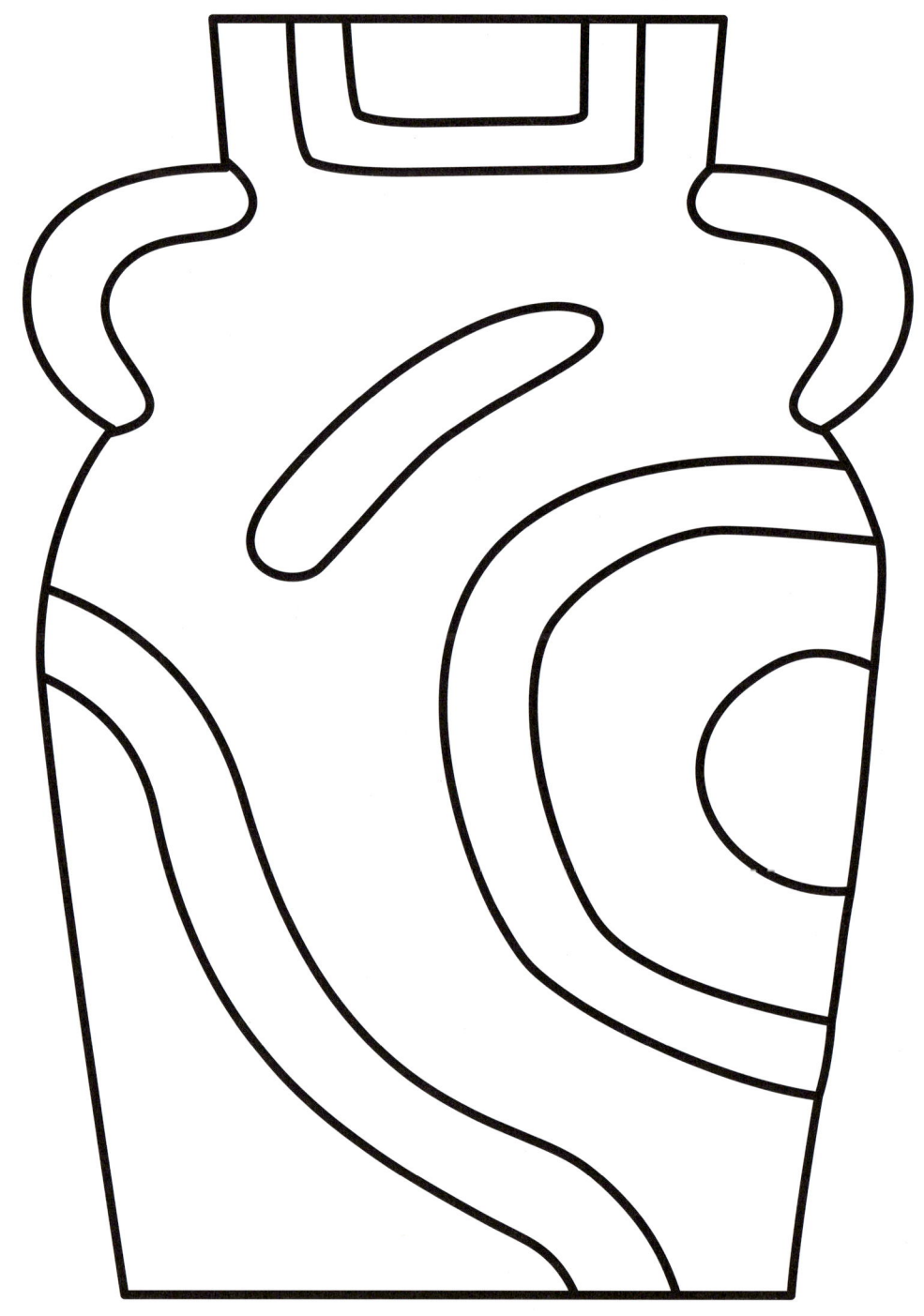

꽃병 커버

20% 축소 비율

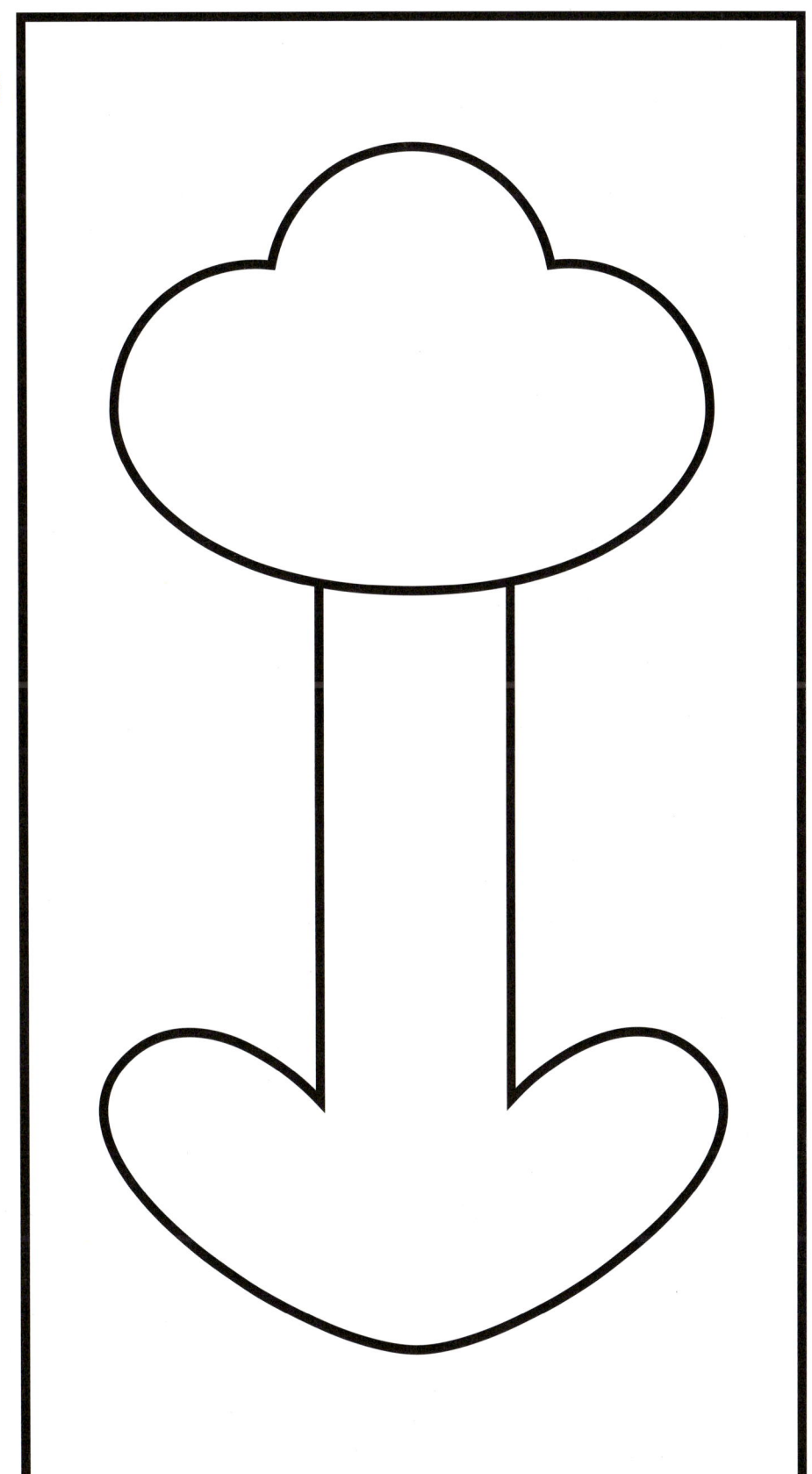

고양이 산책 가방

**30% 축소 비율**

꽃 패턴 거울

30% 축소 비율

새 패턴 쿠션

60% 축소 비율

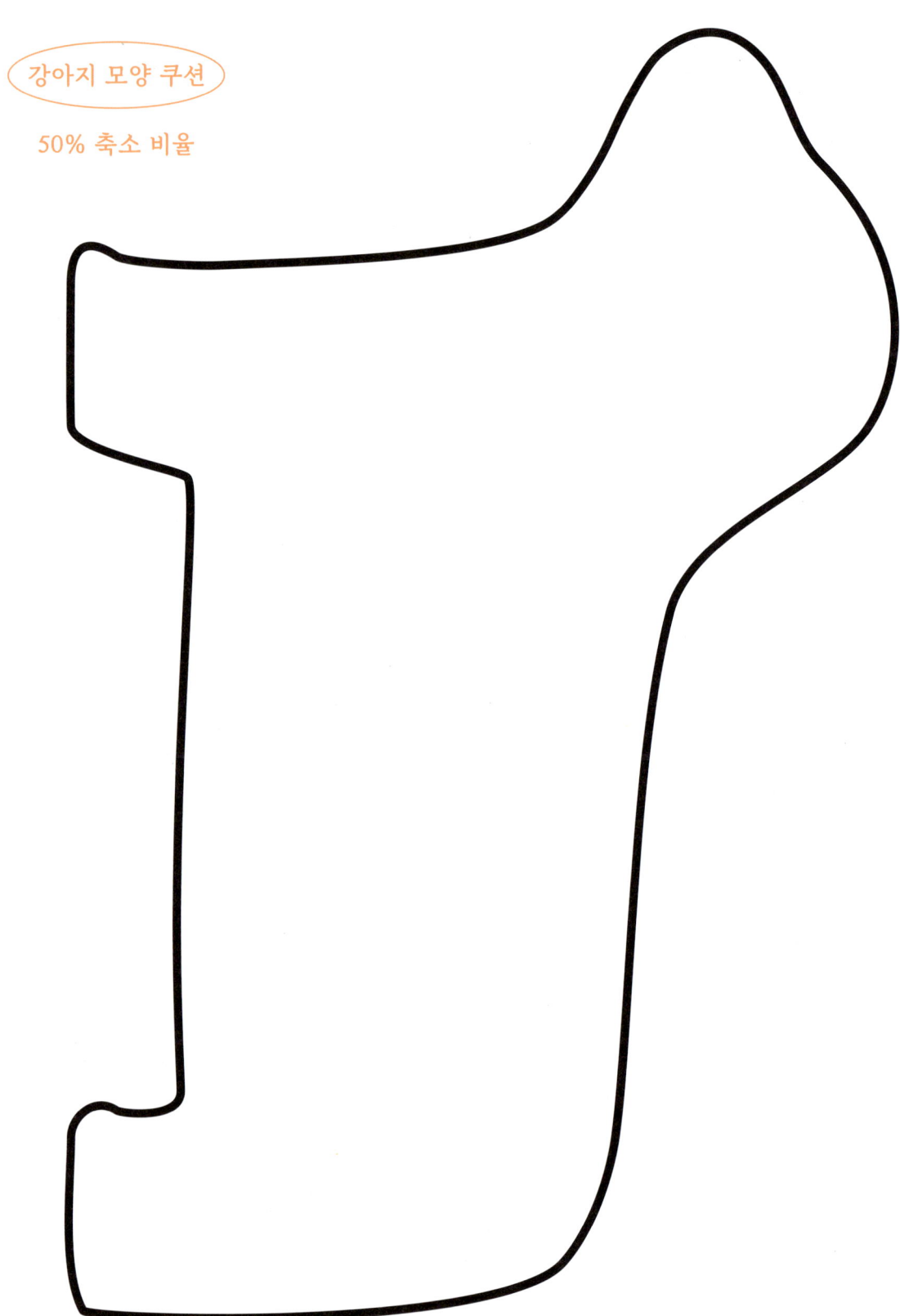

강아지 모양 쿠션

50% 축소 비율

꽃 시계

10% 축소 비율

과일 그릇 월 행잉

40% 축소 비율

하얀 새 러그

60% 축소 비율